精神分析再考

アタッチメント理論とクライエント中心療法の経験から

林　もも子

みすず書房

精神分析再考　目次

はじめに　i

第1章　精神分析学の発展と批判……3

1　フロイトの生涯　3
2　フロイトとユングとシュピールライン　7
3　精神分析学の展開
——限界と可能性　9
4　精神分析理論の否定による理論展開　20

第2章　心の構造と機能……27

1　はじめに　27
2　エス　28
3　自我　39
4　超自我　56

第3章　精神分析的に見る人間の発達……67
1　E・H・エリクソンの貢献と限界　67
2　男性中心主義への批判　99
第4章　心理療法における見立てと精神分析……111
1　心理療法における二つのモデル　111
2　クライエントにとって信頼できる治療者
——クライエント中心療法とアタッチメント理論の視点から　113
3　クライエント個人が抱える問題の見立てと精神分析　124
4　治療者の限界の見立て　130
5　身体に刻まれた歴史　133
6　無意識による無意識の理解
——転移と逆転移　137
7　家族史について　142
8　対人関係についての見立て
——同一化対象とアタッチメント対象　145
9　社会的文脈における見立て　146

第5章　心理療法の営みと精神分析……151

1　自由を得る営みとしての心理療法　151
2　転移－逆転移関係と治療空間の閉鎖性　153
3　心理療法における「転移現象」の視点の有効性　155
4　無意識へのアプローチとしての言葉とイメージ　159
5　無意識へのアプローチとしての夢分析　164
6　無意識と象徴　167
7　人格変化と現実適応　170
8　治療者の不自由さ　173
9　治療者を自由にする道具としての理論
――アタッチメントと精神分析　177

おわりに　183
文　献
索　引

はじめに

精神分析という言葉は、やっかいである。精神が分析などできるものか、とうさんくさく思う人。精神は分析できるものだったのかと好奇心や野心を持つ人。精神を分析されてしまうのか、と恐れを抱く人。精神を分析してみたいとわくわくする人など、さまざまな反応を引き起こす。

精神分析の創始者であるジグムント・フロイトは野心家だった。人間の精神を分析する学問を打ち建て、人間についての知識を無意識の広大な領域に拡大深化させる道筋をつけたと自負していた。

今日の日本では、精神分析の評価は二分されているように見える。片方には精神分析は時代遅れで間違いだらけで非科学的なものだ、と軽蔑のまなざしを向ける、あるいは無視する人々がいて、片方には精神分析は時代の先端を行く、進化しつづける複雑で高級な学問である、と夢中になったり憧れたりする人々がいる。

筆者は、クライエント中心療法の訓練を受けて心理療法家としての道を歩みはじめ、やがて精神分析に魅了されて訓練を受けたが、アタッチメント理論やミームという概念と出会って精神分析を見直すようになった。筆者がクライエント中心療法の立場で治療を続けて行き詰まりを感じたのは、素手で勝負することの限界を感じたようなものであり、自分の修行の足りなさゆえである。そこでさらに修行を積めば別の道がひらけたのかもしれない。ともあれ、当時の筆者にとって、精神分析学の差し出す無意識や転移や防衛などの概念は、パーソナリティ障害や複雑な歴史を背負ったクライエントを理解し、治療をしていくのに非常に有用で魅力的な道具と感じられた。事実、それらは今も筆者にとって大切な目となり手足となっている。

アタッチメント理論というのは、動物の一種としてのヒトが生まれながらに持つ他者と絆を作ることに関する理論である。人は何らかの強いストレスにさらされて不安になったり恐れを感じたりしたときに、自分を保護し世話をしてくれるだろうと思われるような人に近づき、安心な状態を取り戻そうとする行動のシステムを生まれながらに持っていて、それをアタッチメント・システムと呼ぶ。筆者は、アタッチメント理論に出会い、人が人を援助する過程には援助者が専門家であるか否かに関わらず、そういう自然なやりとりの中ではぐくまれる絆の土台があるのだということに改めて気づかされた。改めて、というのは、本来、クライエント中心療法は、誰もが持ちうる他者の力を引き出す態度や行動を援助の基本に据えた理論だったからであり、そこに回帰したとも言える。そして、精神分析を学ぶ中で、治療者は何か特別なことをする人間だという思い込みに暗にとらわれはじめ、不自由になりつつあった自分が、動物としてのあたりまえの行動であるアタッチメントに目を向けることで、憑き物が落ちていくような経験をした。もちろん、憑き物をしょいこんだのは筆者の勝手な思い込みの結果であり、精神分析学が憑き物的な性質を持っているわけではない。

また、ミームという「文化的遺伝子」としての思想や概念のとらえ方を知り、遺伝子の乗り物としての人間、という視点を持つことで、人間の考えなんてたかが知れていると実感して楽になった。それまでの筆者は「正しい」理論、「真実」がどこかにあるはずだと思い、それを探していたのかもしれない。ミームの視点から見れば自分はしょせん自分だと思うと、改めて精神分析の数々の理論や概念の中で、また臨床経験の中で自分が自然に取捨選択していたものが見えてきた。

そして、精神分析の諸概念についての自分の取捨選択が徐々に明確になってくるにつれて、じれったさのようなものを感じるようになってきた。精神分析の一部分である、あまりにも古くなった概念のために、精神分析全体が否定され、使える部分までが切り捨てられたり無視されたりすることがあるという状況に対してである。深い味わいのある料理を作るには、削り器で削った削りたての鰹節と昆布とで出汁をとる方法が、面倒でも古くても必要だと思われる。それが多くの台所で忘れられつつあることへのじれったさのようなものである。

一方で、精神分析を学ぼうとしても、精神分析の理論の発展はあまりにも多岐にわたり、それぞれが険しい山のように見えるために、入り口で足踏みをする人も多いように見える。精神分析の諸理論が難解に感じられるのは、一つには、訳本の翻訳の問題のためという場合もあるのではないかと密かに思っているが、先人の努力に文句を言ってはいけないとも思う。

ともあれ、古い熟成したチーズのような精神分析を、いささかカビの生えてしまった部分は取り除いて、食べられるおいしい部分が見えるようにし、心理療法を学び始めたばかりの人にも食べやすい形で提供できないだろうか、と考えたのがこの本の執筆のきっかけだった。とはいえ、筆者は精神分析の世界では裾野をうろちょろしただけで離れてしまった人間である。

ここで精神分析と精神分析的精神療法の違いを述べておかなくてはならない。精神分析は週四回〜五回、一回四五〜五〇分、寝椅子を使用し、自由連想法による治療を行うものである。一方、週一〜三回の自由連想法による治療が精神分析的精神療法である。「精神分析」は週四回以上のセッションを寝椅子で行うという方法論と臨床的事実から生まれた理論なので、それ以外の方法で行われたものについてその理論を用いて論じることは原理的に無理があると主張する人もいる。筆者は精神分析の理論がそこまで閉じたものだとは考えない。本書では精神分析的精神療法の訓練および実践経験を経て、今は精神分析学のサークルから離れた立場から精神分析学について論じている。

おこがましいと叱られることを覚悟しつつ、離れているからこそ見える古い部分と使える部分の整理を自分なりにしてみようと思う。そして、心理療法を学びはじめたばかりの人たちに、精神分析のかなりの部分は使えるものだという実感を持っていただけたらうれしい。また、この本を批判する形で、いや、こっちこそが使えるものだ、これはやっぱり使えない、などの議論が起きれば望外の幸せである。

精神分析再考

第1章　精神分析学の発展と批判

1　フロイトの生涯

精神分析学の祖であるジグムント・フロイトは、一八五六年にモラヴィアで生まれ、一九三九年にロンドンで没したユダヤ人である。その生涯は波乱に満ちたものであり、その理論の影響は精神医学、心理学から文学、哲学、社会学などに広がっている。そして、その理論には、ユダヤ人としての苦渋に満ちた経験や、家族の中でのフロイトの特異な位置が大きく関わっているがゆえに、精神分析学を紹介する本には必ずその伝記が書かれている。ここでもやはりその作法にならってフロイトの個人史に簡単に触れる。フロイトの詳しい評伝については、アーネスト・ジョーンズ『フロイトの生涯』[1]、デヴィッド・コーエン『フロイトの脱出』[2]他を参照していただきたい。

ジグムント・フロイトは、ユダヤ人の毛織職人、ヤーコブの二番目（三番目であるという説もある）の妻アマーリヤの第一子として生まれた。彼が生まれたときに、母は二一歳であり、前妻の息子二人とさして変わらない年齢であった。フロイトの兄エマニュエルにはフロイトの一歳上のヨハンという息子がいて、フロイトの最初の遊び相手は、この年上の甥だった。

フロイトの母が、フロイトを幸福と名声を約束されていると信じて特別にかわいがったのは[3]、このような家庭の状況の中で自然なことであったと言えよう。フロイトはその期待を裏切らず、優秀な「よい息子」として育った。一方、フロイトの父親は、フロイトの息子の一人であるマルティンによれば、大きな茶色い目をきらきらさせたすばらしいおじいちゃんだったという[4]。フロイトが四〇歳のとき、父親が病死したが、父の死後に親友の内科医フリースに書いたフロイトの手紙には「父は深い叡智と愉快で気軽な感覚とが独特の形で混じり合っていて、僕の人生にとってきわめて大きな意味を持っていました」とある[5]。

父の死後、フロイトの神経症は一年ほどの間、悪化する。彼は、フリースとの手紙のやりとりの中で夢分析を中心に自己分析を進め、自分の中にある母親への性的な欲望、それを阻止する父親への怒り、その怒りに対する罪悪感、また、父親からの攻撃を恐れる去勢不安に気づいていく中で神経症を克服していった。この自己分析の体験が、精神分析学の中核的な概念のひとつとなる「エディプス・コンプレックス」に結実する。

また、フロイトを語るときに彼がユダヤ人であったことを抜きにすることはできない。たとえば、フロイトが一二歳のときに父が「ユダヤ人、道をあけろ」とののしられ、帽子を叩き落とされたにも関わらず抗議もせずに黙って拾い上げたという話を聞いたことは、彼に衝撃を与えたという[6]。さらに彼は、優秀な神経学者として学究の道を歩みはじめていたにも関わらず、二六歳のときにユダヤ人は教授にはなれないと言い渡され、臨床医としての活動を始めた。後世の私たちにとっては、そうして彼が臨床医としてクライエントを治療する経験の中から精神分析学の理論を作ることになったのは幸運であるとも思えるが、フロイト自身にとってはその始まりは本意ではなかったのである。

一方、世の主流を占める学界なるものから排除され異端者として扱われる後ろ盾のない立場は、守られる安心感がない代わりにしがらみもなく自由である。この自由な立場はフロイトの創造性の源流の一つだろう。フロイトがヒステリーの研究から臨床研究を始めたことの必然的な結果だったとはいえ、当時タブー視されていた性の問題を真っ向からとりあげ、性倒錯や子どもの性生活について論じつづけることができたのは、この自由な立場のたまものだっただろうと思われる。

また、屈辱や挫折は、自分の能力に自信がある人にとっては、くやしさとして、見返してやる、自分を認めさせてやる、という前進のエネルギー源としての怒りとなるものである。もちろん、ただエネルギーがあるだけでは意味のある仕事はできない。フロイトの科学者としての基本的な姿勢、すなわち、緻密な観察と、広範な文献の渉猟と臨床経験からの資料収集、そして資料との対話の中で事象をすみずみまで考えつくそうとする姿勢がなければ、同時代や後世の多様な学問領域、さらには芸術にまで大きな影響力を持つ精神分析学の理論はできなかっただろう。

一方、屈辱感を怒りのエネルギーに転嫁することは、人間関係の中では必ずしもよい結果は生み出さない。特にそれがプライドと結びついたときには自分に異を唱える人に対する激しい拒否となることがある。精神分析学が評判を呼んで弟子や仲間が集まるようになり、ある程度功成り名遂げたフロイトの後半生における周囲の人たちとの関係に、葛藤と苦渋に満ちたエピソードが多いのはいたしかたないことかもしれない。

さらに、屈辱感は自己愛を傷つけ、劣等感とその反動で過剰に膨張した自己愛や自己中心性、自分が生み出したものを正当化することへの執念を生み出す。フロイトの仕事の中に強弁やとりつくろいが見られるのはそのあたりから来ているのだろう。それらは、精神分析学のあら捜しをする人たちにとっては格好の批判材料となっている。

フロイトは、精神分析学の評判の高まりと欧米など各国（日本も含まれる）への広がりを経験した後に、第一次世界大戦、第二次世界大戦という暗い時代の波にのみこまれる。このころ、フロイトは身近な人の喪失をあいついで経験する。一九二〇年に親しかった弟子のフォン・フロイントと娘ゾフィーがあいついで亡くなり、一九二三年にはゾフィーの子どもも病死した。そして、ユダヤ人はナチスの迫害にさらされはじめる。多くの弟子が国外に亡命する中、最後まで踏みとどまっていたフロイトも、娘のアナ（註　日本では慣用的にアンナと表記されているが、ここでは、原語であるドイツ語の読みにしたがって、アナと表記する）[7]がナチスに一晩拘留されるにおよび、ついにロンドンへ逃れる決意をした。人間の破壊性が猛威をふるう時代の中で、フロイトの死の本能や文化への考察が生まれている。晩年のフロイトの日記からは、災厄の雲が覆う中で病に苦しみつつも、家族との絆を大切にし、執筆をつづけ、最後まで、彼が「正常な人がうまくやることができねばならぬ第一のこと」を問われて答えた「愛することと働くこと」[8]という営みを続けた様子が垣間見られる。[9]

フロイトの生前、そして死後も、フロイトにいったん近づいた後に反発して離れたり独立したりして、独自の治療理論を作り上げていった人たちが数多くいることはよく知られている。たとえば、ユング、ライヒ、アドラー、パールズ、ボウルビィなどである。その中には、アドラーのようにフロイトと年齢も近く、もともと自立した治療者であった人もいれば、ユングやライヒのように、一時期フロイトの弟子だった人たちもいる。創始者の悲哀だが、フロイト自身のエディプス・コンプレックスは、自らを治療してくれる先人がいないゆえに未解決であったようで、弟子たちとの関係には特に暗い影を落としているようである。フロイトの弟子の中には一四人もの自殺者がいるの[10]は偶然ではないかもしれない。フロイトは強く愛し、強く憎む人であった。このことは、一時は後継者とまでみなしたユングとの関係に典型的に表れている。

2　フロイトとユングとシュピールライン

先述のように、フロイトは弟子たちとの間で数々の葛藤を体験している。フロイトの考えに反発して彼を離れていった弟子は少なくないが、なかでも、フロイトとユングの関係は双方にとってかなり苦々しいものであった。フロイトは、ユダヤ人ではない医者であるユングが精神分析学の中心的な存在となることで、精神分析学がより広い世界での市民権を得ることができるという意味でもユングに期待したといわれる。フロイトとユングは初めて会ったときに一三時間話し込んだという互いのほれこみようで、[11]ユングは一九一一年には国際精神分析学会の会長をつとめ、フロイトはユングを後継者とみなしていたようである。そのフロイトにとって、ユングがフロイトの理論、特に中心的な位置をしめる性の重視を批判したことは裏切りとして体験されただろう。フロイトとユングの葛藤は息子の父親殺しの物語として有名である。

しかし、最近、これとは異なる一人の女性の視点から見たフロイトとユングの物語も語られている。ザビーナ・シュピールラインは、ユングが最初に精神分析理論を適用した女性患者だったが、入院中からユングの自由連想法の開発の助手となり、やがて愛人となり、ユングから別れを告げられたが、間をとりなしてもらいたくてフロイトに手紙を書いた。彼女を描いた映画が二〇一二年に公開されている。[12]シュピールラインは、一六歳でユングの患者となったが、退院後、精神科医の資格をとり、精神分析学を学び、ユングとの交流を断続的に続けるかたわら、ウィーンにおいて精神分析協会の会員となり、その後、ベルリン、ロシアにおいて臨床実践をすると同時に論文も精力的に書いている。彼女は、故国ロシアに戻った後は、精神分析学を生かして幼児教育の実践もしていたが、最後は五六歳でナチスの弾圧により娘と共に命を落としたとされる。

映画では、ある程度史実に基づきつつも、シュピールラインのユングとの悲恋物語を描いている。一方、シュピールラインの残した書簡を紹介した『秘密のシンメトリー』[13]や、彼女の生い立ちからナチスに虐殺されるまでの生涯を描いた『ザビーナ・シュピールラインの悲劇』[14]といった本を読むと、フロイトとユングの不毛な対立や、男性二人が一人の女性の知的生産物をいかに搾取し、学問的に葬り去ったかという物語が見えてくる。ちなみにユングは弟子と恋愛をしてはばからない人だったが、フロイトは浮気とはおよそ縁遠い、道徳的に堅い人物だったようである（異論もあるようだが）。したがって、ユングとフロイトとシュピールラインの物語は恋愛の三角関係ではなく、師としてどちらを選ぶのかという「忠誠心」をめぐる物語であり、業績をめぐる名誉あるいはプライドの戦いの物語である。その物語がどの程度真実に沿っているのかは歴史家による今後の検証を待たねばならないが、少なくとも、フロイトの「死の本能」のアイディアがシュピールラインの発想に負うところが大きいのに、彼は註釈に彼女の名前をさりげなく書いているだけであるということは事実のようである。[15]

ただ、フロイトにはヘレーネ・ドイチェやカレン・ホーナイなどの女性の弟子もいれば、娘のアナが精神分析学を発展させている実績もある。したがって、彼がその時代に平均的だった女性に対する偏見のレベルを上回るほど極端な女性差別主義者であったとは考えにくい。一時期、フロイトのもとで学び、ウィーンの精神分析学会で活躍していたシュピールラインが夫と別居して故国ロシアに帰った後のフロイトとの手紙のやりとりを見ると、フロイトが彼女に対してユングとの関係を完全に断ち切ることを強く望んでいたにも関わらず、彼女は最後までユングを師として文通関係を続けており、旗色を鮮明にすることはなかった。また、フロイトはシュピールラインにユダヤ人としてのアイデンティティを明確に持つようにすすめているが、シュピールラインはユングとの間の息子、ジークフリート（註　ワーグナーのオペラ「ニーベルンゲンの指輪」に登場する英雄）を持つという幻想を捨てきれなかったようで、その点でもフロイトの期待にはこたえなかった。フロイトのシュピールラインに対する過小評価は、最後まで患者としてユングへの転移性恋愛を克服できなかった彼女に対する失望によるものだったかもしれないと想像する。しかし、その結果を招いたのは、シュピールラインがユングの不実を訴える手紙をフロイトに書いたときに、まだ息子のように寵愛していたユングをかばうような対応をしたフロイト自身にも責任の一端があると思われる。シュピールラインの生涯の記録は、未解決の転移がいかに現実の人間関係を蝕むかを見ることができる貴重な資料である。

3　精神分析学の展開——限界と可能性

フロイトは自らの理論を生涯にわたって展開しつづけ、人間とは何かを描くための概念の道具をいじり、作り直しつづけた。言い換えると、精神分析理論はフロイト自身により、創作の過程でかなり変化した。たとえば本能論だけをとっても、一九〇五年の自我本能と性本能からいくつかの変遷を経て、一九二〇年の死の本能（タナトス）と生の本能（エロス）へと変化している。[16] 人間の考えが時とともに変化するのは自然だが、学者のやっかいなところは、その時々の考えを論文という形で活字に残しているところである。そして、その学者が学派の祖となってしまうと、その残された言葉がまるで聖書のように参照され引用される。

また、自分こそが精神分析学の後継者であるという本家争いも起きている。たとえば、イギリスにおけるアナ・フロイトとメラニー・クラインという二人の女性の対立は、今日にいたるまで、自我心理学と対象関係論の対立として尾をひいている。また、フランスではラカンが独自の精神分析学を発展させ、自分こそがフロイトの正当な後継者であると主張した。コフートはフロイトの自己愛という視点を展開して自己心理学の流れを作り出し、これが間主観性理論に発展している。その他、対人関係論の流れもあれば、行動主義の理論を取り入れる考え方や認知行動療法との協働の流れなども出てきている。対象や方法という視点で見ても、フロイトの時代の面接室において一対一で治療者とクライエントが関わる形は今も主流ではあるが、家族療法と合流したり、[17] 集団療法の一角をしめたりもしている。[18] 精神分析学の歴史全体を渉猟することは力の及ぶところではないので、それ以外にも重要な展開があるかもしれない。

ここでは、思弁的、恣意的、主観的と批判されてきた精神分析学が、今もなお確かにそのような性質を残しているという意味での限界と、実証的、実践的であろうとしてきたところから人間を理解し人間に関わる道具としての可能性を今日もなお豊かに持っている、という二つの視点から精神分析学の展開に触れる。

1　実証不足という限界

まず限界という点では、発達心理学の実証研究により明らかになってきた子どもの認知能力の発達や、心理学の実証研究および脳科学との協働により明らかになってきた、人間の情報処理の実際や情動の機能の実際と矛盾する精神分析学の概念の修正が追いついていないことがあげられる。

自我心理学の源流となったフロイトの娘のアナ・フロイトは、晩年のフロイトと共にイギリスにわたり、イギリスにおいて、児童の精神分析の仕事を行った。そして多くの子どもと家族の観察と治療の経験に基づいて精神分析学における発達理論を発展させた。その流れはアナ・フロイトのもとで学んだE・H・エリクソンに受け継がれ、タイソン夫妻による包括的な発達理論に統合されている[19・20]。アナ・フロイトの理論は精神分析学の発達理論の土台を築いた。アナ・フロイトの発達理論は、言葉を用いることができるようになった幼児以上については観察と臨床的な介入の裏づけによりかなり妥当性のあるものとなっている。しかし、アナ・フロイトの理論の限界は、一つには父ジグムント・フロイトが展開した性的な心理エネルギーとしての「リビドー」という概念に固執し、それをあたかも物理的なエネルギーのように実体的なものと仮定している点にある。リビドーは現在では思弁的な概念にすぎないことがわかっている。しかし、自我心理学者の中にはいまだにこの概念を用いている人もいる。

次に、アナ・フロイトは「子どもと母親」の最初期の関係においては相互交流が欠如していると考えており、これも近年の積極的な乳児についての実証的知見からは明確に否定されている。現代の精神分析学者の間ではさすがに「受動的で自閉的な乳児」という過去の精神分析学者たちが共有していた乳児の像が、非科学的であることは共通理解となっている。しかし、最初期の子どもと養育者の関係を「母子関係」[21]としてとらえる限界は、アナ・フロイトの後の世代のウィニコットや現在も活躍しているフォナギーにいたるまで脈々と受け継がれている。いまだに、出産した女性に対して「子どもを産んでから二、三年は仕事を休んで育児に専念した方がいいのではないか」という言葉が精神分析学を実践する人の口から聞かれることがある。ただし「母性神話」が残っているのは精神分析学の世界に限らないようである。

また、E・H・エリクソンはアナ・フロイトが具体的に臨床事例を扱う児童セミナーでは、「個人の内的な問題とともに社会的な問題にも新たな観点から活発な検討を加え、精神分析訓練の本質を最も優れた意味で特徴づける精神によって活気づけられていた」[22]にも関わらず、「自我の防衛機構の要約をした際に、他のところでは正当に評価していた社会的諸力の存在を、再び単純に「外界」に帰せしめてしまう」[23]と不満げに述べている。アナ・フロイトは、父フロイトの「内界」への過度の集中という限界を実践の上では超えていた一方で、理論の上では超えきれなかったということだろう。

アナ・フロイトよりもさらに純粋に「内界」に集中して精神分析学の理論を発展させたのが、メラニー・クラインである。クラインは、精神分析の治療を受けていた患者だった人であり、フロイトの愛弟子の一人だったアブラハムに見込まれて子どもの分析を始めた。医者の資格などはなく、いわば実力で学会に地歩を確保した人である[24]。当時はこのように患者から治療者になる人は少なくなかったようであり、精神分析学を信奉する一種のコミュニティの中に一歩足を踏み入れると、その中では仲間として受け入れられる文化があったのかもしれない。現在は医師の資格や大学院で臨床心理学の専門教育を受けたことが精神分析の訓練を受ける前提となっている。

クラインはフロイトが晩年に提唱した死の本能の理論に依拠し、子どもは生まれながらにして幻想の中で攻撃性を持っているとした。そして乳児は妄想的・統合失調症的な空想の世界の中に生きていると考えた。クラインはそれらの空想を「よい乳房」「悪い乳房」「子宮を破壊する空想」のように概念化し、これらの概念を用いた解釈により児童分析を行っている。クラインの児童分析の論文は当時の学界において高く評価されたが、実際にはそこで分析されている子どもたちはクライン自身の子どもや仲間の精神分析家の子どもであったことが明らかになっており、報告の妥当性には疑問がある。フロイトのエディプス・コンプレックスが個人的な経験に基づく葛藤や願望を普遍化した概念であるのと同様に、クラインが乳児が持っていると論じた「よい乳房」「悪い乳房」「子宮を破壊する空想」などの概念も、個人的な経験を普遍化したものと思われる。

概念は個人が経験を普遍化する以外に生み出しようがないではないか、という議論もあるかもしれないが、概念を普遍化するには普遍化を裏づける実証が必要である。エディプス・コンプレックスの概念も、クラインのいくつかの乳房や子宮をめぐる概念も、その他の精神分析学における仮説も、それを「解釈」として用いて臨床実践が行われ、治療効果があったという臨床的な裏づけは確かに積み重ねられている。ただし、成功例に比べると失敗例が公表される確率はかなり低いので、実際のところ、その臨床的な裏づけがどれくらい信頼性のあるものであるかということは不明である。すなわち、一の成功例は一〇例のうち九例が失敗で唯一成功した一例なのか、成功した九例の一例なのかがわからない。客観的、科学的に、ある概念の臨床実践における効果を実証しようとするならば、結果に影響がある可能性がある要因（交絡変数）を統制した介入前の事例群を定め、その概念の臨床実践における効果を追跡する必要がある。しかし、精神分析においては、クライエントにしても治療者にしても個人要因も環境要因もかなり多様なのでその統制はかなり困難であり、かつ、解釈をするという臨床的な営みがかなり個人性を帯びた職人技のようなものであることを考えると、事実上、個々の概念の実証研究は不可能に近い。ただし、事例ごとの単位での治療効果の研究は行われていて、精神分析の効果が実証されているとする人もいる。[25]

一方、ある学問において提唱された概念が他のより客観的な学問の成果と矛盾すれば、その概念が間違っているると考えるのは自然である。そして、現代の発達心理学の知見に照らすとクラインの概念には疑問が生じる。すなわち、近年急速に発達してきたビデオその他の方法を用いて行われている乳幼児の実験研究が明らかにしつつある、外界を適切に情報処理する能力を備えた乳児の像と、クラインの乳児が妄想的、統合失調的な空想の中に生きているという仮説は相容れない。[26・27]

しかし、よい乳房、悪い乳房などの概念は対象関係論学派の精神分析学者には現在も盛んに使われている。クラインの概念は、成人に関してはユングの元型論と同様に無意識という不可知の領域をとらえる道具として象徴的なイメージを用いているという意味では、臨床実践にとって有効な道具として使えるのかもしれない。しかし、時に治療という目的のための手段である概念が、「精神分析をする目的」のようになってしまう場合も見られる。それは臨床の中で出てくる現象をこの概念、あの概念にあてはめて語っているものの肝腎のクライエント自身はいっこうに適応が改善した様子がないのに意に介さないように見える事例の場合である。

このような概念の一人歩き現象（時には暴走、迷走）は対象関係論にかぎらずみられる。精神分析学の思弁性、概念の複雑さ、難しさはある種の秘儀の趣を持ち、その魅力にとりつかれた人たちがクライエントの現実をついおろそかにすることが生じるということなのかもしれない。自分は人よりも特に賢く知識があると感じると、人はつい「えらく」なってしまうのだろう。このような精神分析学の一種の知的貴族主義の陥穽にはまっている人は精神分析療法の実践者の一部にすぎないのだが、精神分析学が地に足を付けた臨床家から批判される隙を作っている。

また、これも概念先行による過ちだが、スターンが批判したように、成人のクライエントの語る病理的な内的世界の事象を乳児にあてはめて乳児の内的世界を推測し、あたかもそれが事実であるかのように信じてしまうという精神分析学の限界がある。スターンはそのようにして語られる乳児を現実の乳児と区別して「臨床乳児」と呼んだ。[28] たとえば、成人の境界性パーソナリティ障害のクライエントが自分も他者も世界もすべてが悪いもののように感じて、被害妄想的に認知し攻撃衝動に支配された状態になる時期があるが、それと同様の心的な世界を生きていると想定された乳児が「臨床乳児」である。現実の乳児は「臨床乳児」のように妄想を持っているわけではなく、ごく自然に情報を処理し、反応している。[29]

次に精神分析学が現実に即していないと批判される概念として「エディプス・コンプレックス」があげられる。フロイトは先述のように自己分析の中から父と母と自分（息子）の三角関係のテーマを見出し、ギリシャの戯曲「オイディプス王」にも同様のテーマをみつけてこれを普遍的な葛藤として概念化した。エディプス・コンプレックスは現代の精神分析学の治療報告において、特に自我心理学派の治療においてはしばしば言及されている。[30・31・32] 確かに両親と子どもたちで構成される家庭が多い欧米や日本の家庭においては、エディプス・コンプレックスにあてはめて理解できるような葛藤を持つ人が多数いると思われる。

しかし、エディプス・コンプレックスが一人親家庭や何世代かが同居している大家族や施設で養育されている子どもたちや同性カップルに養育されている子どもたち、さらに同性愛や性分化疾患や性同一性障害の子どもたちにもあてはまるような普遍的な葛藤であるかどうかについては疑問がある。子どもが自分の性別を意識し、いずれ大人になっていく自分を想像できるようになって大人を対象に性的な誘いの行動を始めたり、大人との競争意識を持ちはじめたりする時期は確かにあるし、それはフロイトがエディプス期と名づけた時期に該当する。しかし、葛藤を「父」「母」との三角関係のテーマに限定するのはいくつかの意味で間違っている。まず、性的な欲望の対象となるのも競争相手となるのも親に限定されない。次に、性的な欲望の対象となるのが異性であるとはかぎらない。エディプス・コンプレックスを重視しすぎることは、フロイトの個人的なテーマを恣意的に普遍化しようとする精神分析学の限界となっている。

次に、恣意的であると批判される精神分析学の概念の中には女性についての偏見からくるものがいくつか含まれている。先述の母性神話もその一つであるが、もう一群の誤った概念がペニス羨望と去勢不安と女性の超自我の弱さである。フロイトは、女性は男性との身体的な違いに気づいたときにペニスを奪われた（去勢された）存在、欠けた存在として男性に対する劣等感と羨望を必ず持ち、またペニスを与えてくれなかった母親との同一化が困難であるために超自我の発達が不十分なものになると考えた。[33] 女性の発達については第3章で改めて論じるが、フロイト以後タイソンをはじめとする精神分析家による修正が行われ、超自我についての仮説も否定された。しかし、最近でもなおペニス羨望で女性の臨床事例を理解しようとする報告もある。たとえば、チェシックの『子どもの心理療法入門』[34]は自我心理学派の子どもの精神分析的な心理療法についての優れた教科書だが、「一事が万事」という見方をされると、時代遅れと切り捨てられるかもしれない。

また、ラカンの理論は鏡像段階や男根へのこだわりなど、いずれも発達心理学の知見からは支持されない概念を含む。また、その難解な現代数学の理論は専門家から見ると間違ったものであるという。[35]

以上、精神分析学の古くからの概念的な過ちを捨てきれない限界について述べた。

２　有用な概念

それでは、精神分析学が今日もなお臨床実践の上で有効である可能性はどのあたりにあるのだろうか。

一つには、アナ・フロイトが発展させた防衛機制の概念の有用性がある。アナ・フロイトは、自我の機能を重視し、自我心理学の基礎を作った。自我については第2章に詳述するが、心の中心にあって欲動や超自我や現実など心に不安をもたらすさまざまな圧力から心の安定を守り、圧力間の調停や圧力との間に緩衝壁を設けることと、そして人格を統合することといった役割を担う。自我の機能は、人格を国家とすれば政府のような機能である。アナ・フロイトは、臨床経験や研究経験に基づき自我の重要な機能である「防衛機制」という調整や調停のための道具について系統的に記述した。人間を理解する道具として、「防衛機制」の概念はストレス・コーピングのような現代の概念をもカバーする実践的に有効な概念である。クライエント中心療法を創始したロジャーズは精神分析学にはかなり批判的だったが、その著作の中には「防衛」という概念が多用されている。素直に語ることが難しいクライエントの重層的な心の世界を理解するのに、「防衛」という概念は不可欠なのである。

また、アナ・フロイトは、現実の子どもとの関わりの豊かな経験を通じて子どもにとっての環境の重要性を認識し、子どもを援助するときに家族や子どもに関わる周囲の人間への積極的な働きかけを取り入れた。子どもの環境への働きかけは、今日、教育相談や福祉の現場であたりまえのことと認識されていることであるが、当時は画期的な試みだった。精神分析が精神内界の文字通りの分析の技法にとどまっていたとしたら、臨床現場で生き残ることは難しかったのではないだろうか。

次に、ウィルフレッド・ビオンが提唱した作業集団（work group）と基本的仮定集団（basic assumption group）という概念は集団の力動を理解する道具として重要なものである。[36] 集団が現実的で目標に向かって、ほどよい情動的なまとまりで成員の意識を中心に動いているときは「ワーク（作業、機能）」している作業集団である。しかし、いったん集団が何らかの外的な強い圧力や内側での葛藤解決の失敗からくる圧力によってワークする部分が弱くなり、成員の無意識的な圧力が高まり、統制が難しい情動的な雰囲気にのみこまれると、次の三つのいずれかを仮定しているかのような集団になる。すなわち①「闘うか逃げるかしかない」という仮定、②「大きな存在に頼るしかない」という仮定、③「新しい希望を託す何かが生まれるのを待ち望むしかない」という仮定である。これらの三つの仮定を「基本的仮定」と呼ぶ。基本的仮定集団になると、集団の中の現実的、客観的、冷静な判断力が鈍り、集団は子どもがえりして効果的にワークしなくなる。このような集団についての知見はそれだけでは不十分だが、集団の力学を理解し、適切な対応をする上で重要な役割を持っていると思われる。集団についての精神分析学的な知の活用は、日本では力動的集団精神療法が徐々に根付きつつあるとはいえ、[37・38] あまり大きな領域を占めていないということもあって十分になされているとは言えない。臨床実践の上でも、また、教育や福祉などの実践の上でも集団についての精神分析的な知の活用の余地がまだありそうである。

次に内界を重視したメラニー・クラインの弟子でありながら、実証主義的な姿勢を貫いたのがアタッチメント理論を創始したジョン・ボウルビィである。[39] ボウルビィはフロイトが「母子関係」のつながりについて、空腹によるつながりに始まると述べた誤解を訂正し、動物行動学などの知見もあわせて、アタッチメント・システムという概念を提唱した。当時の精神分析学会にはその実証を重んじる姿勢ゆえにボウルビィの議論は受け入れられず（アナ・フロイトの批判[40]）、彼は精神分析学の主流からは距離を置いて独自に理論を発展させた。アタッチメントとは、人間が何らかの危機的な出来事に遭遇して心身の安全と安定を脅かされ、不安や恐れなどの否定的な情動が生まれたときに安心させてくれる保護を求めて誰かに近づき、安心な心身の状態を取り戻そうとする認知と行動と情動が組み合わさったシステムである。これは哺乳類や鳥類には生まれながらに備わっている本能的なシステムである。近年、人間の適応を支える対人関係システムの一つとしてアタッチメント・システムについて研究が進み、臨床実践への統合も進みつつある。[41]

最後に、精神分析学が臨床実践の世界に大きな影響を与えたのは、治療関係における「転移」「逆転移」の概念だろう。治療関係に影響する治療者とクライエントそれぞれの無意識の存在に目を向けたことは、治療実践の信頼性を高める上で画期的なことだった。フロイトはクライエントの無意識が治療者との関係に転移され、それを扱うことでクライエントの無意識のテーマを乗り越えることができるという治療原理を提唱した。その後、クライエントの過去の中に無意識のテーマを探すという営みに重きを置きすぎるのではないかという批判から次の項に述べるように「今、ここで」の関係を強調するいくつかの治療理論が生まれた。一方で、精神分析学の実践の中では、間主観性理論[42]にみられるように治療者とクライエントの現在の関係性の中で生じていることに重点が移ってきている。

精神分析における治療関係は職業的な関係であると同時に、治療者とクライエントがあたかも素手で相手に触れるようなきわめて個人的な関係でもある。その中にはクライエントの無意識のみならず治療者の無意識も関わってこざるをえない。絵に描いたような役割関係にはなりようがないのである。したがって、関係の中に何が生じているのかを誠実にモニターし、それと向き合っていく営みが治療関係の信頼性を高めるために必要となる。心の奥にしずめられている無意識的なものを扱っていくには、この転移と逆転移の概念は不可欠のものである。

そして、特に無意識を扱うことを目的としない関係、たとえば、認知行動療法のように意識的で役割関係が明確な治療技法であっても、あるいは教師と生徒、福祉施設のスタッフと利用者のような治療関係以外の関係であっても、家族・友人などの身近な関係であっても、現実には意識された関係の背後に常に無意識の転移−逆転移関係が存在していると考えられる。多くの場合、転移−逆転移関係は、意識された関係に邪魔にならない程度に抑圧されて背景に退いているから見えないのである。したがって、何か関係の障害が生じてきたときには、無意識的な転移−逆転移関係の影響があるのではないかと考えてみることが「ややこしい」「やっかいな」関係を理解するヒントになることがある。

4　精神分析理論の否定による理論展開

精神分析理論をめぐる批判と論争の多さは、新たな概念を生む土壌としての精神分析学を示している。フロイトの死後も、精神分析へのアンチテーゼとしてさまざまな治療理論が作られていった。たとえば、ロジャーズのクライエント中心療法、ベックの認知療法、エリスの論理情動療法、森田正馬の森田療法、パールズのゲシュタルト療法、などである。近年広がってきた認知行動療法も、認知療法や論理情動療法の流れを汲んでいるという意味では、その延長線上に位置している。それらの治療理論の展開をすべて記述することは力の及ぶところではないが、いくつかの精神分析学への批判や否定の中から生まれた治療理論また、対照的な治療理論を見ていくことで、精神分析の特徴が見えてくるだろう。

1　ロジャーズ

クライエント中心療法の創始者であるアメリカ人のカール・ロジャーズは心理学者であり、精神分析の訓練を受けていたわけではない。しかし、カウンセラーとしての自分自身の体験から出発して、クライエントを中心におく理論を明確化していく中で、折に触れ、当時アメリカで大きな影響力を持っていた精神分析に言及している。ロジャーズは、専門家が専門の知識と技術に基づいてクライエントを診断し、分析し、治療をするといういわば治療者中心ともいえる、精神分析家の姿勢に疑問をなげかけ、クライエント自身が持つ自己理解の力や成長し変化していく力の可能性を引き出すことこそが治療者の役割であると主張した。そして、そのために必要な治療者の姿勢の一つとして、透明であろうとすること、純粋であることの大切さを説き、「我と汝」の関係[43]、今、ここでのかけがえのない、真実の出会いこそが大切であり、精神分析学が提唱する関係をとらえる概念である「転移」「逆転移」は、知的な言葉の遊びであるとまで言っている。[44]

ロジャーズの純粋であたたかい人柄が、それに触れた人の成長や変化をもたらすすばらしい出会いをもたらしたであろうことはロジャーズの書いたものや残した映像資料、そして、実験的に治療場面を映画化したクライエント、グロリアの娘が書いたグロリアとロジャーズの映画撮影後の関わりの軌跡[45]などから十分に想像できる。また、ロジャーズが明確化した「真実であること」「共感すること」「受容すること」という治療者の基本的な姿勢が学派を超えた基本であることに異論を唱える人は、寡聞にして知らない。

精神分析学の人間に対する姿勢は、ロジャーズの姿勢に比べると、疑い深く、用心深い。治療者自身に対してもそうである。精神分析学では、透明であろうとしてもそれが到底かなわない、多層的で葛藤や人に言えない欲望やごまかしや言い訳などのうずまくものとして人間を見ているのである。ロジャーズの人間観は、ワイエスの絵のようにリアリズムと静かな人間賛歌に満ちており、一方、精神分析学の人間観は、ダ・ヴィンチの「聖アンナと聖母子」の絵のように象徴をちりばめたもので[46]あり、または、ジェームズ・アンソールの絵のように人間の醜い面に焦点をあてたものであるといえようか。

2 パールズ

次に、フレデリック・パールズは、最初は精神分析を学んでいたが、独自の考え方でゲシュタルト療法を開発し、フロイトに一度会って話したが相手にされなかったという。その後、精神分析を批判しつつ、独自の治療法を確立していった。

パールズは、禅の影響を強く受けており、今、ここを大切にして全身全霊をこめて現在を生きることに徹底し、防衛に積極的に挑戦して、クライエントを自分自身の体験に直面化させた。空の椅子（エンプティ・チェア）をクライエントの前において、そこにクライエントの中のこだわりを投影させ、直接対話をさせるという技法は、ゲシュタルト療法のあり方を典型的に示している。ゲシュタルト療法の技法は、成功するときには劇的な変化を生み出す。その積極的な治療者の姿勢は、過去の精神分析家がクライエントの見えないところに腰かけて物思いをめぐらしながら、煙のように注意をただよわせながら、クライエントの自由連想をほぼ黙って聞いていた受身的な姿勢とは対照的である。

昨今の精神分析的精神療法を実践する治療者は、ワクテル[47]やギル[48]や守屋・皆川[49]が書いているように、必ずしも受身で聞いているわけではない。また、フロイト自身もたとえばラットマンの分析では、かなり積極的な介入をしていたらしい。[50] しかし、精神分析はクライエントの自由連想が可能な、遊びのある、ゆとりのある空間を治療関係の中で作り出すことを大切にしている。その分、時間がかかる贅沢なものとなっているのである。自由な連想を広げることは、いわば道端の雑草にも目を向ける余裕をもたらし、たとえば、その雑草の押された跡から獣《けもの》の足跡を発見する可能性にもつながる。いわば、より深く広い全体性をとらえる可能性があるといえよう。パールズも全体性を強調したが、彼の技法によって得られる全体性は、図と地のたとえに典型的に示されているように、人間の歴史という奥行を無視し、現時点において焦点化された問題とそれによって見えなくなっている問題の両方という意味での平面的な全体性に限局されていると考えられる。

3　森田正馬

日本独自の心理療法である森田療法は、フロイトより一八歳若いがほぼ同時代を生きた森田正馬が独自に開発した精神療法である。フロイトと森田には、母の溺愛、父への反発、死の恐怖、多彩な神経症に苦しめられていたことなど、共通点がかなり多いが、それだけに、二人の違いが治療理論の違いを明確にしており、興味深い。[51]

北西によると、二人の違いの一つ目は、父親との葛藤を自覚した時期である。[52] フロイトの場合には、四〇歳時の父親の死の前までは父親との葛藤は抑圧されて意識化されていなかった。彼は父の死後に初めて母親への性愛と父からの去勢不安の葛藤を自覚した。ここに、幼年期からの歴史をふりかえり無意識の中に抑圧されていた幼児期における葛藤が反復していることを意識化する、というフロイトの精神分析の治療の原形がある。一方で、森田は、子ども時代から死への恐怖や夜尿症に苦しみ、さらには、父に高等学校進学を反対されるなど、青年期に父との強い葛藤を意識していた。そして、二五歳のときに、父からの仕送りを止められたことへの強い反発から（実際には仕送りはされていて、誤解だったのであるが）、ひらきなおり、恐怖にあえて自ら突入したところ、症状が消えたという劇的な体験をする。その後、治療経験を重ねる中で、葛藤は自己の素質からくるとらわれであり、あるがままの自己のありかたを認めることにより、また、感情・認知・症状の悪循環から離れることにより治癒が生じるという治療理論を確立していった。

フロイトの父への敵意は青年期の終わりまで抑圧されていたため、中年期に意識化された時点では、異物となっており、彼はその異物の本態を探索し、克服しなくてはならなかった。一方で森田の父との確執は青年期からすでに葛藤として意識され、格闘を続ける中で自らの一部となっていた。そして森田は父への敵意を「反抗心」として自らの性質であり自然なものとして受け入れることにより治癒した。

もう一つの違いは、フロイトがあくまでも科学にこだわり、原因を究明する直線的な因果論に立っていたのに対して、森田が一九歳のころから東洋哲学に関心を持ち、心身の不調を乗り越えるために禅の腹式呼吸や内観法などの実践経験があったという思想的な背景の違いである。北西は、人間理解の方法について、フロイトは自然科学的、発生論的、そして歴史的であり、森田は現象学的で、円環論的で、それに基づいた空間論を展開した、とまとめている。[53] 空間論というのは、森田が現象即実在、すなわち、今、ここにあるものこそが現実だという考えにたち、あるがままの自分を受け入れることで、感情と思想、主観と客観、自己と環境、などの対をなす二極が調和することが健康な生の欲望の発揮をもたらすと考えたことを指している。

森田療法は禅の思想を受けて、あるがままの自分を受け入れ、自然であることを大切にする。近年急速に流行しつつあるマインドフルネスも、禅の思想と方法を取り入れ、内省を止めて今ある世界に心を開くために呼吸法を用いているところが森田療法に似ている。

精神分析は自己を知ろうと集中するのに対して、森田療法やマインドフルネスは自己から離れて世界の中に意識をときはなち、自然と調和して生きようとする。自己と向き合うのか自己へのとらわれを離れるのかという基本的な姿勢の違いがある。前者から見れば後者は逃避に見え、後者から見れば前者は耽溺に見える。

4　アドラー

フロイトを否定して独自の理論を作り上げた人の最後にアドラーをとりあげる。年代的にはアドラーはフロイトと一四歳しか離れていない。アドラーは自身がユダヤ人であることにこだわらず、普遍的な人類愛を重視した人だった。また彼は身体的な障害を持っていたことから、劣等感コンプレックスの補償作用として人間に共通な権力への意志との闘いを人間理解の中心に据えた。

アドラーは心優しい人であり、フロイトと異なり、周囲の人との関係はかなり円滑であったようである。アドラーの考え方は企業人向けのポジティブ心理学にかなり取り入れられたり、親子関係や教師と生徒の関係についての心理教育的なプログラムとして発展したりしている。アドラーの考え方の根本には自分を信頼し、人を信頼し、自分は自分、人は人として自立して生きる姿勢がある。過去や未来にはとらわれず現在だけに焦点をあてることを強調する点は、ゲシュタルト心理学と共通している。また、人間関係が対等な関係であること、相手を操作しようとしないことを大切にする。気を遣わなくてはならない息苦しい関係から解放されたい人にとっては役に立つ知恵の多い心理学である。

しかし、アドラーは人や自分を信頼したくてもなかなか信頼できないような深い傷を心に負って、過去へのとらわれから抜けられないでもがき苦しんでいる人や、パーソナリティ障害の人の治療の経験はあまりなかったようで、基本的に自我がある程度成熟している人に適用可能な心理療法の理論を提示している。病理的に人にしがみつき、対等な関係を作ることにはほど遠い人にはアドラー心理学は適用できない。対等ではない関係の中で繰り出される病理的な無意識の泥沼のような関係にクライエントと共に身をしずめつつ何とか泳いで岸をめざす営みが精神分析であるとすると、アドラー心理学は硬い岸辺でクライエントが泥沼からあがってきて自分の足で地面に立つのを待ち、そこから横に並んで道を歩いていくような治療理論である。

精神分析学へのアンチテーゼとして生まれた理論のいくつかについてみてきた。精神分析は自分を真摯に知ろうとする営みであり、個人の歴史の全体を視野に入れ、見たくない自分の暗く醜い記憶や心の動きも含めて自分にとっても未知な自分と向き合う営みである。精神分析の治療者には、心の全体性をありのままにみつめようとする姿勢、一寸先は闇の無意識の霧の中を手探りで進んでいったり、埃まみれになりながらごまかしの藪をかきわけたり、腐臭漂う汚物の中をのぞきこんだり、おぼれそうになりながら情念の泥沼の中を泳ごうとしたりする姿勢がある。決して清潔感のある明るく楽しい学とは言えないが、苦労した分、人間について考えるための道具を豊かに持っている学である。

次に、精神分析学が提唱する人間の見方を人格構造論から見ていこう。

第２章　心の構造と機能

1　はじめに

人間とは何か。人間はなぜこんなふうに感じ、あんなふうに振る舞い、哀しい出来事を引き起こしたり素晴らしいものを作ったりするのだろうか。古今東西、かくも複雑でわけのわからない「人間」とは何かをめぐる問いに、さまざまな人がさまざまな仮の答えを出してきた。哲学的な答えもあれば科学的な答えもある。心理学的な答えとしては、心の働きに注目する機能主義、心の要素に注目する構成主義などさまざまな立場からの答えがあるが、人格についてのモデルであるパーソナリティ論も人間とは何かという問いに対する答え方の一つであるといえよう。

フロイトのパーソナリティ論である人格構造論は、エス、自我、超自我の三つからなる。

フロイトは、差別や不評や身近な友人や弟子との葛藤に耐えつつ仕事を続けた、我慢強く粘り強い、心の強い人であったと思われる。その強さは、さまざまな欲望や逆境から生じる不安や怒りや悲しみなどの心の中の暗い嵐と向き合い、嵐をコントロールする力のメカニズムを理論化する中でさらにきたえられていった。フロイトはこのような人間にとってやっかいな心の中の嵐、あるいは火山、あるいは野獣のようなものを「エス」と名づけた。そして、エスを抑えたり操縦したりして現実の世界の中で生きぬいていく心の中心部分を「自我」と名づけている。さらに、養育者をはじめとする、子どもが生きていくために従わなくてはいけないような自分よりも（小さいうちは文字通り）頭の上の位置にある人の中の価値観を取り入れた心の部分、上から方向を示したり、価値観にあえば褒め、あわなければ罰したりするような評価的判断を下す心の部分を「超自我」と名づけている。

その後の精神分析の歴史の中で、ある人は自我の働きを精緻化し、ある人は超自我の発達の段階を分け、ある人は、エスが人格の中で優勢になる心の状態とそうでない状態を分類して名づけるなど、フロイトの人格構造論はフロイト以後、複雑に多方向に発展してきた。筆者はその広い発展のすべてを知り尽くしているわけではないので、ここに紹介する精神分析の人格構造論よりも精巧な人格モデルや少し異なるモデルがあることを断った上で、ここでは、筆者なりに整理して精神分析学における人格構造論を記述する。

2　エス

1　欲動と情動の領域

エスは、人間が生まれながらにして持っているさまざまな欲動や情動が、意識されないままにうごめいている心の奥の、あるいは底の部分である。無意識の領域であるため、直接触れることはできない。さまざまな不合理な人間の行動や夢や、あるいは錯誤行為（聞き違い、見間違い、言い間違い、書き間違い、思い違い、うっかりミスの行動）などを通じてその存在を推測するのみである。

エスは、ドイツ語で「それ」を指す言葉で、ラテン語では「イド」であるため、イドとも呼ばれる。エスは身体的な欲求である飢えや渇きや安全を求める欲求、攻撃性、性の欲求などの本能的な欲求が生のままで存在する場所である。これらのさまざまな動物的な、あるいは幼児的な欲求は、動物である人間として基本的なものであり、プリミティブ（原初的あるいは原始的）であるとも言われる。いわば、文明によって飼い馴らされていない、社会化されていない、きわめて自己中心的な欲求がうずまいている心の部分であり、同時に情動がわきあがってくる領域である。

エスの領域では、やりたければやる、欲しければ取る、嫌ならやらない、というような、「快原理」（快感原則とも訳される）と呼ばれる心の法則が支配している。社会的な規範、道徳的な視点から見れば、いわば無法地帯のような場所であり、現実的な時間や空間や社会などの秩序の影響から自由な、天衣無縫な幼児のような心の部分であるとも言える。エスの欲動を直接表現し行動に移すことが社会的に許容されているのは、乳児かあるいは絶大な権力を握った独裁者のみである。人がエス優位の振る舞いをするのを許すことを日本語では赤ちゃん扱い、子ども扱い、と呼ぶ。

近年、脳科学者の中で精神分析学の妥当性を脳科学の知見から裏づけ、同時に精神分析学者との協働によって脳の機能を研究する動きが始まっているが、それによるとエスの領域は、脳幹核群・扁桃体の機能に該当する[1・2]。

2 抑圧された記憶とリビドー

エスは無意識的な心の領域であり、前田重治[3]はエスを原始林のような場所として描いた。一方で、エスには、意識から追放された記憶が押し込められている。いわば、意識というまっとうな社会から追放処分を受けた極悪人や不適格者の烙印を押された人が、島流しにあっているような場所でもある。また、エスからわきあがる情動の中には、天女や勇敢な戦士のようなポジティブなエネルギーを伴うものもある。

ただし、エスの中に放逐された記憶や、身体から直接わきあがってくる欲求を悪人や幼児などに擬人化して説明すると、あたかも、それらが意志をもって動くような誤解を与えてしまうかもしれない。注意しなくてはいけないのは、エスの中にあるものはすべて、意志や理性のない混沌であり、エスは欲動や情動や無数の記憶がうごめき、ひしめきあっている場として考えられているということである。そして、擬人化したイメージや原始林や火山等のイメージはすべて、エスから受ける刺激を自我が受け取る際に形を与えたものである。

エスの中の情動や抑圧された記憶が人を動かす働きを持つことをいくつかの症例で実感したフロイトは、エスの中に動力としてエネルギーがあると仮定した。そして、心理力動の中心的な存在として性的な心理エネルギーを仮定し、「リビドー」と名づけた。フロイトの物理学的な仮定のモデルによれば、リビドーが高まると緊張を生じ不快な体験となる。一方、リビドーが何らかの形で放出されると、緊張が低減し、それが快の体験となる。[4]フロイトは、性的エネルギーであるリビドーと対置させる形で自己保存を目的とする非性的なエネルギーを自我欲動と呼んだ。

心理力動が観察されることと心理的なエネルギーに実体があるかどうかは別のことである。科学的な心理学を志向していたフロイトとしては、力動の背後に物理的なエネルギーの移動があると考えるのは自然なことだったのだろうが、残念ながら現時点でそういうものがあるという裏づけとなる実証的研究は寡聞にして知らない。

しかし、力動に関して言えば、科学的な証拠がないからと言って、心理学的な力動がないとは言えない。たとえば、ある人が恋人の仕事の都合でデートがキャンセルされると不機嫌になり、表情が険しくなって数日家族にあたりちらしていたが、ようやく恋人に会えて楽しくデートをして帰ってくると喜びにあふれて家族にも優しくなるとする。家族はその人の心理学的な動きを実感し、観察するだろう。家族は「まったくあの子は気分屋ね」と言うかもしれない。フロイトはそこにエネルギーの移動を仮定するのである。

フロイトは、エスの中にエネルギーがあり、それが溜まったり放出されたりして移動すると仮定して心理力動を説明しようとした。この例で言えば、恋人とのデートができない間はリビドーが溜まって緊張を高め、その不快が怒りになって家族に向いたが、恋人と会ってリビドーが放出され、緊張が低くなって心おだやかな状態になった、と説明できる。このリビドー論による説明に納得しない家族も、恋人とのデートという出来事に連動した人の心の動きがあると説明されればそれは了解するだろう。精神分析はこのように心の動きをエスや自我などの心の構造の間を、またその中にあるさまざまな思いや情念の間をエネルギーが動く力学として「力動的に」理解しようとするのである。現代の視点から見ると、リビドーという概念は使えないが、心の動きには何らかの力学があるという視点は有効であると言えるだろう。

3　エスとユングの無意識論

エスは意志を持った擬人化された何かではなく、心の領域をさすという意味で、ユングが「元型」や「象徴」などのイメージを通じて意識化されるとした「普遍的」無意識と区別される。ユングは、個人の心は普遍的無意識（集合的無意識ともいう）の海の中に浮かんでいると考えた。彼は個人の夢にあらわれる「グレートマザー」「老賢人」「影」などの象徴の共通したイメージが世界各国の神話や民話などにみられるところから、人類に共有される、個人的な経験を超えた性質を持つ普遍的な無意識が存在すると主張し、それらを「元型」イメージと名づけた。[5] フロイトも象徴について夢分析の中で記述しているが、あくまでも夢の意味を理解する道具として利用しているにすぎず、その重みがユングと異なる。夢分析については第5章でも触れる。

また、ユングは、治癒への導き手や人格の全体を統合する何らかの存在が無意識の中にあると仮定し、それを「自己」と名づけ、曼荼羅などの宗教的なシンボルに共通する象徴的なイメージとしてそれらが治療の過程で絵などに出現することを示した。ユングは、自己をはじめとする普遍的無意識の元型にはヌミノース（宗教的）な感動をもたらす性質があるとし、近代社会の合理性がもたらした普遍的無意識との断絶、自然現象との間の情動的な無意識的同一性の喪失を嘆いている。[6]

ユングの無意識の肯定的な力に対する信頼は、未来志向的であり、その点ではロジャーズの人間の潜在力への信頼に共通する楽観的な人間観や、ジャン＝ジャック・ルソーの「自然」礼賛[7]の思想にも通じる人間観であると言えよう。仲正昌樹[8]によると、日本人、特に教育関係者にはルソーの思想を好む人が多いという。

ユング派が日本で一時期一世を風靡したのは、河合隼雄や山中康裕などの雄弁な紹介者の活躍に加えて、人が生まれながらにして持っている「自然」はよいものであるという自然を信頼する思想が、日本人に馴染みやすいものだったからかもしれない。

これに対してフロイトは、無意識はあくまでも性欲や攻撃性などの人間の中の暗い力が渦巻く領域であると考え、ユングの無意識についての理論を神秘主義的であると批判した。フロイトの人間観は、苦痛と努力が人間の条件であり、それなしには人間的な生活から活力と生命力そのものがうばわれるとしたハンナ・アレントの人間観に近い[9]。そして、フロイトの治療論は「かつてエスがあったところに、自我を成らしめること[10]」というものである。精神分析の治療論については第4章と第5章で論じる。

しかし、フロイトが素朴に理性的・意識的な自我が無意識の身体的・衝動的なエスを必ずコントロールできると信じていたかといえばそうでもない。一九三二年の『続・精神分析入門講義』では、「人間の本性の制御不能性のゆえにいかなる種類の社会共同体にもつきまとってくる困難と、私たちが果てしなく長く闘いつづけなければならないことは、言うを俟《ま》たないところ」と述べている[11]。

ユングは「体が幾百万年にわたる解剖組織上の先史を有するように、心の組織もまたそうである」とラマルク説を心に援用し、「子どもの心はその前意識的な状態において、白紙ではない。認知しうる個性的な方法ですでに前もって形づくられている」と、普遍的無意識が生まれたばかりの子どもの心にすでに組み込まれていると主張した[12]。ラマルク説というのは、生物学者のラマルク（一七四四—一八二九）が主張した後天的な経験が遺伝子の中にひきつがれるという説であり、一時期は遺伝子生物学において否定されたが[13]、近年、エピジェネティックス（後生説）として獲得形質が遺伝することが実証され、復活している[14]。しかし、そこで実証されている遺伝するものは行動傾向であり、神話のような「物語」ではない。ユングが普遍的無意識としてさしているものは、「ミーム」すなわち文化的遺伝子であり、生物学的な遺伝子とは区別されるべきものである。

遺伝子の中に普遍的な物語が受け継がれることはないと仮定すると、ユングの元型の概念、さらに人類に共通し、人間が生まれながらにして持っている集合的・普遍的無意識は個人的無意識から説明する他はない。母親に呑みこまれてしまいそうな不安、決して自分にはかなわないと思われる大きな存在への恐れあるいは畏れ、自分が拒否してきた価値観に実は魅了されていた思いの部分が突然出てくるときの意外さなどは、人間であればどの地域や民族の人であっても経験する可能性があるという意味で、普遍的な経験なのではないだろうか。そう考えると、無意識の力動として力強いイメージとして心の中に存在し、神話や物語に「グレートマザー」「自己」「影」などの印象的な姿で現れるものは、人間の経験の共通性に基づく個人的無意識の中のイメージであり、そこに神話やおとぎ話などのミームが姿を与えたものと考えることもできる。

そして、ユングの言うヌミノース（宗教的）な特徴というのは、精神分析学の中で発達理論を拡張したエリック・エリクソンが論じたように[15]、生後間もない時期の世界との直接的な出会いにおける体験の性質なのではないだろうか。言葉の鎧を借りて自我が自らの無力さをごまかしはじめる前の乳幼児の体験世界について、小児精神科医で精神分析学者のダニエル・スターン[16]は母子の観察に基づき、生気情動という無様式感覚の世界を持つものとして記述している。無様式感覚というのは、視覚や聴覚などの様式が連動して強度やリズムを共有していることである。無様式感覚を大人になっても持ちつづけてそれを表現できる人が芸術家である。詩人は音を色で表現し、作曲家は景色を協奏曲にする。また、スターンは抽象舞踊について「舞踊は生気情動の起源となり得るカテゴリー性の情動信号や物語の筋にとらわれることなく、見る人‐聞く人に多様な生気情動とそのバリエーションを示します」[17]としている。たとえば勅使川原三郎の舞踊を見る体験がこれに該当するだろう。このような、言葉にしばられる以前の身体が世界を直接知覚する体験と、乳児が自分を抱え見守ってくれる養育者を見上げる体験があいまって宗教的体験の原形となるのだろうと推測される。

スターンは養育者が子どもの体験に情動調律をすることにより、子どもの自己感が発達していくことやその失敗を論じている。乳幼児期の子どもの体験の中に強い印象を残す圧迫感、畏怖、恐怖などの体験がエスの奥深く不可思議な記憶として残ったものが、ヌミノースな性質を帯びたものとして体験されるのではないだろうか。ただし言葉を超えて身体が世界を直接体験することについては主観的にしか語れないので、芸術や宗教などのヌミノースな体験が果たしてエスの中に残った生気情動の記憶に起源を持つのか、それともたとえば霊的と呼ばれるような他の起源があるのかを科学的に探索することは難しい。人間にとって不可知な世界だからこそヌミノースなものとして体験されるのである。

また、人はこの世に生を受けてから、すなわち受精卵になったときから、無数の外界や他者との相互作用の中で生きている。誕生した後には無数のエピソードが言葉を獲得する前から経験され、言葉を獲得した後には無数の物語を含んだ言葉のやりとりが意識的、無意識的に紡がれつづけて人の心の中に積み重なっている。そのような、意識から遠くにある記憶が時に不思議な事象を生むのではないだろうか。ユングは生まれながらにして普遍的無意識の記憶があることの根拠の一つの例として、一〇歳の少女の一連の夢に宗教的なビジョンにそっくりなものがあらわれたことを語っている。[18]一方で、ユングはニーチェの『ツァラトゥストラはかく語りき』の中に、ある物語にそっくりのくだりをみつけ、ニーチェの年老いた妹に手紙で確認したところ、ニーチェが幼いころにその本を読み聞かされていたことがわかったが、ニーチェはその本について覚えていなかった、というエピソードを記述し、これを「潜在記憶」の例であると述べている。[19] 宗教的な夢を見た少女も、どこかでその宗教的なビジョンに触れたことが潜在記憶となっていて、夢に反映された可能性があるだろう。すなわち、心のラマルク説を取る必要はない。（ちなみに最晩年のフロイトが書いた『モーセという男と一神教』[20]にも原父殺害の記憶というラマルク説のユング同様の誤用が見られる）

ただ、ユングの無意識についての理論が生物学的な基礎を欠き、行き過ぎた普遍化をしたからと言って、ユングが発展させた、イメージを拡充していったり深く体験したりする治療技法の有効性がそれによって損なわれるわけではない。人間の無意識にイメージという方法で触れていくことには言語を超えた力を持つことがあることは臨床事例から実感される。道具として箱庭や描画を用いるという点はユング派のオリジナリティであるにしても、イメージを媒介に無意識との対話を試みるとき、そこに生じる治療機序はフロイトが自由連想法により夢分析をしたときに用いた無意識へのアプローチにかなり近い。シュピールラインが喝破したように、ユングとフロイトの理論は実際のところ、異なる部分も大きいが重なる部分も大いにある。[21]

4　エスの中の記憶

フロイト[22]によれば、エスにはさまざまな理由から抑圧された数々の経験の記憶が押しこめられている。ただしそれはエスの一部にすぎない。エスは人間の時々刻々と更新されていく体験の流れの中で、古い記憶がどんどん放りこまれて蓄積されている無限大の倉庫のような場所であるとも言える。エスの中に過去の記憶が抑圧されている根拠は、「抑圧」というエスの蓋を、催眠や自由連想などの方法でゆるめると、あるいは夢の中で蓋が自然に少しゆるむと、思いがけない過去の記憶が浮かび上がってくることがあるということである。煮えたぎる鍋を押さえつけている蓋をゆるめると、中身がふきこぼれるようなものである。

しかし、記憶とエスとは別のものである。記憶を想起する営みは自我の機能なので、記憶は、想起される時点でエスの領域と同時に自我の領域にも存在すると考えられるからである。そして特に葛藤を伴わず抑圧がかかっていない多くの記憶は、エスの領域と自我の領域にまたがって同時に存在していると考えられる。たとえば計算の仕方のように、学習によって獲得され普段よく用いられる記憶は、意識のコントロールのもとに自我の領域内では本棚に並べられたように整然と置かれ、同時に混沌とした無秩序な原始林であるエスの領域にも存在していると思われる。

そして何かを学習したときの体験が躍動的な喜びに満ちた生気情動を伴う楽しいものだった場合には、その記憶はエスの領域に喜びと共に残り、かつ、自我の領域の中にも必要な情報としてくっきりと存在しているだろう。教育学者ブザンが開発した「マインド・マップ」という単語を枝に乗せつつ絵を描くように情報を出したり整理したりする方法は、このようなエスの活用の一例である。[23] 一方、学習が無味乾燥な退屈な体験だった場合には、エスの領域にはうっすらとした灰色の影しかなく、自我の領域の中でも投げやりに放置されたあいまいな形でしか残っていないかもしれない。教育心理学の概念である「内発的動機づけ」や「意欲」は、学習体験においてエスの領域にある身体的、情動的躍動感を肯定的な形で活性化することに結びついていると思われる。

そして、ワクテル[24]が「氷漬けのマンモス」と揶揄したように、過去の記憶が当時のままの形で保存されているという、精神分析学者の言説の中で過去に時折みかけられた仮説はいささか荒唐無稽である。記憶がいかに不正確なものであるかは、近年実証されつつある。[25] 記憶は書き換えられつつ、しかしどこか原型をとどめつつ脳の中の痕跡として生きつづけていると考えるのが自然だろう。

5　エスと遊びと創造性

エスは身体が体験する本能、欲動、衝動の領域であり、人間の内なる自然である。自然は時に恐ろしく、時に美しい。エスの中にある本能や欲望が適度に社会化され、洗練された形で表現されたものが「アート」（芸術、技）であると言えるのではないだろうか。エスの領域において非合理性や偶発性とたわむれる「遊び」は創造性の源泉であり、美しいもの、おもしろいもの、楽しいもの、はすべてエスの領域と結びついている。また、人は無意識の奥にある非合理的なもの、それは時にはおどろおどろしいものであったり、非社会的なものであったりもするが、明るい表社会では市民権を得られないような昏《くら》いもの、非常識なものに魅了されることもある。そのように、合理的ではないもの、目に見えないもの、言葉にならないものを信じたり感じたりする心の営みもエスの領域に結びついている。芸術家は常識を超えた無意識の奥にある何かに触れてそれを形にする能力を持っている。職人は言葉にできない身体にしみついた無意識の技を駆使して仕事をする。[26]芸術あるいは技として美しいものを生み出すのは、自我とエスの協働による他はない。

また、洗練された美しいものにかぎらず、人が一般的に創造的になるときや生産的になるときにはエスの領域が活性化している。生き生きしているということは、エスの中にうごめくさまざまな欲動や衝動が自我により承認されてのびのびと発揮されているということである。逆に元気がなく無気力になったり非生産的になったりしているときには、エスの領域との交流が遮断されていたり、エスから出てくるものが抑圧されていたりする。クリスはそういうエネルギーの停滞状態におちいったときに、エスを活性化するべく自我があえて子どもがえりする現象を「自我のための一時的な退行」と呼んだ。[27] たとえば勉強に飽きたときに家族とばかばかしい話しをして、大笑いしてやる気を取り戻すというような行動は、日常的な「自我のための一時的な退行」である。大人が箱庭療法で砂遊び（Sand Play）をするときに社会的な鎧を横に置いてイメージの世界に心を遊ばせるのは、構造化された「自我のための一時的な退行」と言えるだろう。そして、芸術家や職人が創造的な仕事をするときには、自我の統制下での一時的な創造的退行が起きていると考えられる。

また、見事な芸術や技に接したときに、人は感動する。感動するという体験も身体的なふるえ、生気情動を伴うものであり、エスの領域との交流なしには生じない。ただ、エスの領域には他者の意図的な操作で感情のフック（釣り針）でつられ、やすやすと動かされる部分もある。したがって、感動が他者により意図的に作られたものであることも多い。エスは鋭い直観を生み出すこともあれば、子どもっぽい流されやすさによる安物の興奮を生み出すこともある。後者は政治家や商人（似非宗教家と多くのメディア関係者を含む）により古来大いに研究され利用されてきたものである。「遊び」が心を豊かにすることもあれば、心が「もてあそばれる」こともあるということである。

3　自　我

1　自我の誕生と成長

乳児は以前考えられていたよりもずっと合理的に情報を処理していることが、最近の乳幼児研究により明らかになってきた。しかし、人間関係の発達という視点で見ると、乳児が他者に自分と同様の心があることを理解し、共感し、人間関係の中で自分の行動を調整することができる能力は、生後すぐに備わっているものではなく、九カ月ごろにその萌芽がみられるようである。[28] そして人間の社会は、経験的に乳児にそのような共感能力が芽生え、発達していく心の育ちに応じて、乳児を社会化させる働きかけを行ってきた。そこで育っていく心の部分が「自我」である。

ただ、自我は、人間関係の文脈だけで育つわけではない。人間の欲望は、日々現実の壁にぶつかり、現実との調整を余儀なくされる。このときに、現実すなわち外界と、欲望すなわち内界のエスとの間の調整役を果たす心の部分が自我である。フロイトは、「エスの表面に、知覚系を核として成長した自我が載っかっている。自我はエスの全体をすっぽり覆い尽くしているわけではなく、覆っているのはエスが知覚系と化している範囲にのみかぎられている。自我はエスとはっきり区分されているのではなく、下方でエスと合流して一つになっている」[29] という（図1）。

これは、近年の情動理論におけるコンポーネント・プロセス・モデル[30]と矛盾しない推論であるといえよう（図2）。

この図の自生的な生理機能以下の下の半分がエス、自己と内的、外的規範との適合性の部分が超自我、それ以外の部分が自我に該当する。そして、出来事の新奇性・好ましさ・目標や欲求との関連性の評価プロセスが自我とエスが合流している部分に該当する。また、動機づけ、推論、自己のプロセスにおいても絶えず上半分（自我）と下半分（エス）が相互に影響しあいながら不可分に情動の形成が進んで行くというモデルは、エスと自我の機能的な関係を示唆している。

近年、人とのつながりについて生後すぐから動いて情報を収集し学習しつづける「社会的知性」が注目されており、これは脳の中では、前頭前皮質という新皮質の部分に該当し、人間では特に大きく発達しているという。[31]そして、欲求が満たされるときに「快」（喜び）を感じる報酬系と呼ばれる腹側線状体・腹内側前頭前皮質は、甘い物を食べたときなどの生理的な満足と同様に利他的な行動をしたときにも反応するという。[32]この現象は、自我とエスの接点として興味深い。アリストテレスの「人間は自然によって国家的（ポリス的）動物である」という定義[33]が、社会的知性が生後すぐから働いているということによって部分的に裏づけられたと言ってもいいかもしれない。この、人とのつながりをせっせと学び、他人を喜ばせることが自分の喜びになるという、生まれながらに人間が脳の皮質の一部に持っている傾向は自我の基礎の一つと言えるだろう。もう一つ、自我の重要な側面である情動の統制についても、腹外側前頭前皮質に「自制」の領域があることが明らかになっており、[34]前頭前皮質は全体として自我に対応していると考えられる。

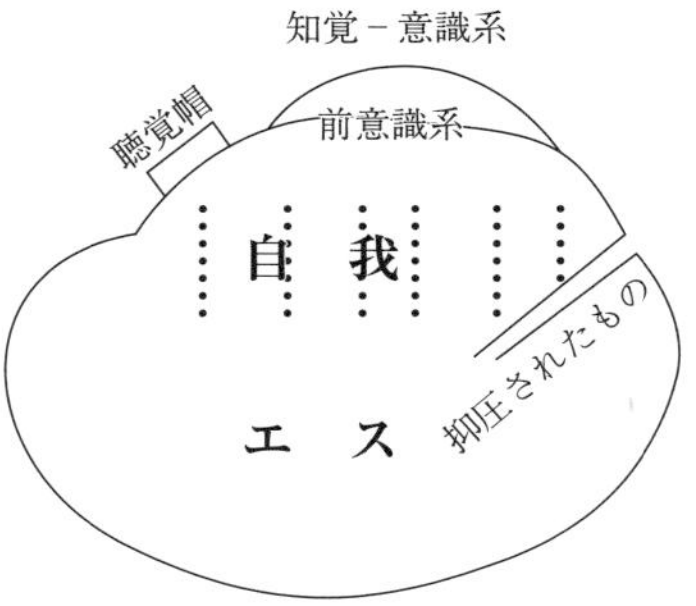

図1　自我とエス（『フロイト全集18』岩波書店，2007年，20頁より）

自我の芽生えは、たとえば、指をしゃぶる乳児に見られる。乳児の自我の働きは、母乳が欲しいという心の中の現実と、誰もいなくて一人で寝かされている外の世界の現実との葛藤に対して、指をしゃぶる行為で妥協し、心の内と外の調整に成功して安心感を獲得するのが自我の働きである。ちなみに、サルの子どもにも親が突然いなくなった場合に指しゃぶりの行動がみられるらしい。哺乳類や鳥類の現実に柔軟に適応する賢さは、ペットを飼っている人には自明のことだろう。哺乳類・鳥類にはそういう意味である種の自我があると考えられる。ソームズとターンブル[35]によれば、人間と同じデザ

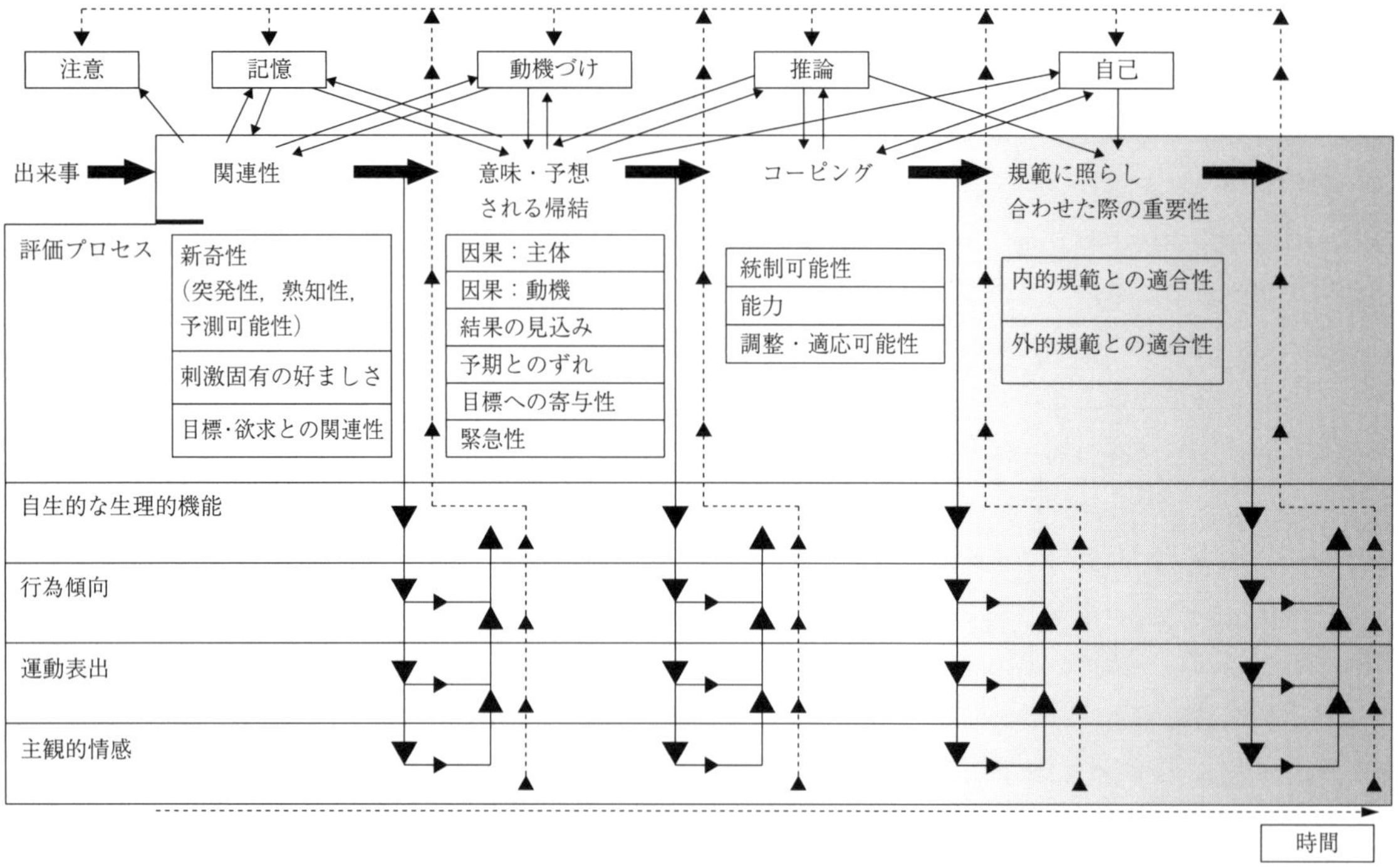

図２　コンポーネント・プロセス・モデルにおける情動生起プロセスの全容
（遠藤利彦『「情の理」論』東京大学出版会，2013年，279頁より）

インの脳幹を持つ動物は意識を経験している可能性が高いという。

ただし、人間の自我は「言葉」を獲得し、言葉によって自分や世界を物語りはじめると、哺乳類や鳥類のものとは異質の観念的な世界に覆われるようになる。言葉がミーム（文化的遺伝子）を運んでくるのである。特に、物事をカギカッコに入れて語るような「再帰的」と呼ばれる言葉の世界にはいると、人間は、自分の経験を、あたかも本を読むように対象としてとっておいたり、いじくりまわしたりしはじめる。再帰的な言葉とは、たとえば「私は、「自分が子どもの頃に気が強かった」と思う」のような言葉である。ソームズ[36]によると、前頭前皮質の機能により、人間は他の動物にはない、意識を意識する再帰性意識を持っているという。決断の座も前頭前皮質にあるとされる。[37・38]

人間は再帰的な言葉の世界に入ると同時に抽象的な思考をすることができるようになり、一般的な知能が発達する。これは社会的知能との対比で非社会的知能とも呼ばれる。非社会的知能と社会的知能とは、シーソーのようにどちらかが活性化しているときはもう片方は非活性化する。一般的知能は外側頭頂皮質の領域との関連が確認されているという。[39]

人間が再帰的な言葉を使いはじめると、身体と直結したエスの生きた情動の世界を離れ、「頭だけで」考えるという自我の独走、時には暴走が起きることもある。すなわち、合理性の理屈により身体の要求を却下し、逆に身体に対して自我の論理による不自然な要求をする。たとえば、明治のはじめより、乳児に対して規則的な時間感覚を守って計画授乳することが近代医学にそった合理的な育児であると喧伝された時期があったが、昭和三〇年代には規則授乳の見直しがあり、乳児の欲求への母親の共感にそった自律授乳が推奨されるようになった。[40]また、運動中は水分を取るべきではないと信じられていた時代もある。誤った科学的知識を「合理的に」自我が取り入れ、身体を不自然な形で律してきた例は枚挙にいとまがない。この誤った「科学的」知識は身体にとって有害なミーム（文化的遺伝子）である。

一方、再帰的な言葉を持たず頭でっかちな合理性にとらわれない希有な例がある。「ピダハン」[41]というアマゾンの奥地に住む民族である。元宣教師で言語学者のエヴァレットが長年この民族と共に暮らした報告によると、ピダハンの人々は直接的な経験によってのみ判断し行動しているという。ピダハンは、過去の物語を持たないので、創世記神話がない。共同体を結びつける役割を果たす精霊の物語はあるのだが、その物語には現存する目撃者がいない出来事は含まれない。したがって絶対神もいない。彼らは「精霊」とは対話をするようである。これは一種の憑依現象だろう。ピダハンが口にすることはすべて、実際に体験できるものである。食べたいときに食べ、眠りたいときに眠る。彼らの自我は暴走することなく、エスにぴったりよりそって伴走しているようである。

2　自我の合理性と適応的な機能

自我の概念はかなり包括的で広い。自我は心の中心的な位置にあり、外界の現実と内界の現実（欲動や情動）との調整をすることによって適応の機能全般を担っている。人間の内界の現実の中には後述する「超自我」という、社会化された人間ならば必ず持っている社会の規範を内在化した「良心」「道徳」を含む心の部分も含まれる。たとえば好ましいと感じる人（既婚者）に出会って性的に強くひかれたとする。剝き出しの自己中心的な欲望をその人に向けてすぐさま行動に移そうとするエスの突進と、その人が既婚者であるという現実の壁と、道徳的にそのような行動はするべきではない、既婚者に対してそのような欲望を感じること自体が罪であるとして自分を責める超自我の圧力の間に立って、エスと超自我の双方をなだめて現実の壁も踏まえて妥協点を探すことが自我の働きである。

自我は、人間を国にたとえれば政府にあたる行政機関であると言えるだろうか。ただし、人間という国は、安定した国家体制とはお世辞にも言えず、しょっちゅう内憂外患、すなわち内界のエスからのつきあげやサボタージュ、超自我からの批判や理想のおしつけ、外界の現実からつきつけられる諸問題などに直面して、たえず多数の調整にあたふたと追われている危なっかしい機関である。フロイトによると、自我の強さが示されるのは、自我とエス、自我と超自我が結合し、不可分のものであるときであるという。[42]

自我は意識の中の判断や統合などの適応的な機能を担う部分である。意識とは何かという問題については、脳神経科学の分野で近年研究が急速に進み、脳神経と意識の現象の対応関係については多くのことが明らかになった。しかし、チャーマーズが一九九四年にハードプロブレムと言い切ったように、純粋に物理的な実体だけからできていて、それ以外の何も含まない物理的な脳が、どのようにして意識経験や言い表すことのできないクオリアを生み出すことができるのか、については依然として謎である。[43]

意識の統合機能については、神経生理学者で高次認知機能を研究しているヴォルフ・ジンガーが次のように語っている。[44]

「意識に独特の性質は統一性です。意識内容は、経験される現在のペースに合わせて、いつでも変化していきますが、意識経験をバラバラにしてしまう病理的状態になっていなければ、どの瞬間においても現象的気づきのすべての内容は相互に関係づけられています。このことから、意識と結びつけ作用が密接に関わっていることがわかります。無数の情報処理の結果の中でうまく結びつけられたもののみが、同時に意識の中に現れるのだろうと思います。そうだとすると、意識と短期記憶、注意は密接に結びつけられているでしょう。刺激が意識的に知覚されるためには、注意が向けられる必要があることを示す証拠があります。注意が向けられて初めて、短期記憶が処理できるようになります」

「結びつけ問題は、脳がもつ別々の特徴から生じます。第一に、脳は高度に分散したシステムで、脳の作業の非常に多くは、並行して行われます。第二に、脳は情報処理が集約される単一の中心を持ちません」

「複合的な認知的内容の表象、例えば知覚対象、思考、行動計画、想起された記憶なども、分散化された構造をもたなければなりません。そのため、特定のタイプの内容の、分散化された表象に関与するニューロンは、並行して二つのメッセージを伝達する必要が生じます。（中略）他のどのニューロンと協働しているのか、またそれらにどのような仕方で合図するかについては、あまり一致した意見は見られません。（中略）私たちが提案したのは、ニューロン間の関係を定義する信号は個々のニューロンの発火の同期だということです」

このように、意識の神経相関物の記述は進んでいるが、ジンガーはそれらの記述が状態ベクトルの抽象的な数学的記述となり、その状態ベクトルの意味論的内容や実際の意味を明らかにし、その状態を操作することで、意識内容を変化させることができるようになれば、そこで初めて神経活動と現象的意識との間の因果的証拠が得られる、と述べる。すなわち、神経活動を人為的に変化させることでその人の意識を操作することができれば、因果関係が証明されるというのである。安部公房の『第四間氷期』[45]や『R62号の発明』[46]を連想させるSFのような話だが、実現にはまだ時間がかかるようである。

したがって、ニューロン活動の同期が意識内容の相関物であることがわかったとはいえ、さしあたって、意識を統合する機能として自我という概念を用いて人間の心の機能の一部を理解することが不適切であるということにはならないだろう。

自我は心が安定しているときには意識全体を統合しているが、自我のすべてが意識されているわけではない。むしろ、この後に述べる防衛機制をはじめとして自我のかなり大きな部分は自動化しており、無意識のうちに機能している。たとえば食事をとるという行動一つをとっても、箸をあやつる、お椀を手に持つなどの行動は自動化されて意識されていないが、自我の統制下にある。また、思い出そうと思えば思い出せる情報が、今この瞬間に意識している意識の焦点の周辺に気づかれずにたくさん漂っており、フロイトはその領域を「前意識」と呼んだ。[47]自我は時と場合に応じてそれらの前意識にある情報を取捨選択して用いて適応的な行動を判断している。

自我の判断はその人が生きる道筋で経験してきた問題への対処の学びに応じて「合理的」なものである。その合理性はその人の経験の質により異なったものになる。たとえば、他者に頼った結果は失敗だったが自分一人で対処した方が成功したことが多かったという経験を積み重ねて生きてきた人は、医者などの専門家に助けを求める以外に助かる道がないだろうと思われるような病気にかかったときでさえ、自分でなんとか対処方法を探すという行動を選択してなかなか医者に行かないかもしれない。しかし自分一人で対処すると失敗したが他人に頼ると満足な結果が得られたという経験を積み重ねた人が、同じ病気にかかった場合には即刻医者に相談するだろう。前者の行動は後者から見れば不合理だが、前者にとっては合理的な判断である。

また、この自我の合理性はしばしばエスや超自我からの圧力により歪められることも多く、はたからみると不合理な行動をしているからと言って、自我の合理的な判断能力が低いかどうかはすぐには判断できない。

自我機能のアセスメントは心理療法の初期において重要な仕事の一つだが、複数の文脈で、また、長期的な視野で慎重にその人の行動や考えを確かめていかないと見誤ることがある。

3 自我と対人関係

自我の中心的な機能の一つは対人関係を営むことである。人間を国家にたとえれば対人関係は外交にあたる。外交で重要なのは、他者（相手）の考えの理解と自分が他者に何を要求したいかを明確に理解していることと、他者と自分が置かれている歴史と社会の文脈の理解、そして交渉術だろう。

他者の考えを読むこと、すなわちメンタライジングは、先述の社会的知能に該当し、脳においては、背内側前頭前皮質と側頭頭頂接合部にその座があることが明らかになっている[48]。

人間の対人関係は自他の理解の能力や自己主張および妥協形成のための情動統制の能力、すなわち防衛機制の能力、倫理性すなわち超自我の発達により、その質が変化する。

人の発達段階に応じて重要な対人関係は異なる。乳児期は養育者、幼児期と児童期は家族、思春期・青年期は家族外のリーダー的な人物や仲間、成人期と老年期はパートナーや仲間が適応を支える対人関係となることが多い[49・50]。対人関係の発達については第3章で論じる。

対人関係の内的表象を中心に人間を見ようとする理論が対象関係論である。対象関係論の創始者であるクラインは、対人関係は妄想－分裂態勢から抑うつ態勢に発達し、その後、この二つの態勢が時と場合により入れ替わると主張した。

クライン[51]によると、「万能的破壊衝動、被害的不安、および分裂は、生後三、四カ月ごろが優勢である。私は、これらの機制と不安との組み合わせを妄想的－分裂的態勢（paranoid-schizoid position）としておいたが、これが極端な場合にはパラノイアや精神分裂病（統合失調症：筆者註）のもとになる」。この時期、乳児は愛情の対象である乳房をよい乳房と悪い乳房に分裂させることによって、よい乳房を自らの中にある死の本能、破壊衝動から守るとされる。[52] 成人における妄想－分裂態勢は、迫害不安にさらされて、混乱と解体の危機に陥る状態や、よい対象と悪い対象が切り離された形で存在して硬直化し、よい対象は理想化されて安全であり、悪い対象は迫害者として決めつけられる心の状態である。[53] 自己や対象がそれぞれよいものと悪いものにバラバラに分かれている状態を「分割」と呼ぶ。そして、対象群は全体としてのまとまりを欠く部分対象であり、抽象的な象徴を用いて考えることができず、具体的に物事をとらえる心の状態でもある。[54] メンタライゼーションは不可能な状態である。

また、抑うつ態勢についてのクライン[55]の説明によると、「生後五、六カ月になると、乳児は自分の破壊衝動や貪欲さが愛する対象を傷つけはしないか、あるいは傷つけてしまったのではないかと恐れるようになる」「なぜなら乳児はまだ自分の願望や衝迫と、それらの実際的効果とを区別することができないからである。乳児は、これらの対象を傷つけてしまったために、それを保持し、償いたいという罪の感情と衝迫を体験する」「このとき体験する不安はもっぱら抑うつ的性質をもつものである」「それに伴う情緒と、そうした情緒に対して展開される防衛を、私は正常な発達の一部とみなし、抑うつ態勢（depressive position）と名づけた」。

成人を含む一般的な抑うつ態勢について、松木[56]のまとめに若干加筆して紹介する。①抑うつ不安（罪業感、悲哀、自責、熱望、寂しさ、哀悼、悔いなどの痛々しい感情体験）。②ひとつにまとまっている内的全体対象と全体自己。この対象は、その性質からは、死んでいる対象／死にかかっている対象、あるいは傷ついている対象でもある。③より成熟した心的メカニズムが働く：分割の減少、具体性をもつ過度な投影同一化の減弱、過度な理想化の修正。すなわち、統合に向けて心的機制が使われる。④自己と対象とが分離している（投影同一化による自己と対象の混在が修正される）。このことによって象徴機能が作動し、抽象的な思考ができる。また、メンタライゼーションが可能である。⑤愛情欲動に基づくより成熟した感情である、思いやり、気配り、償い、感謝の気持ちを持つ。

抑うつ態勢は自我がエスよりも優位に機能しており、超自我も自我と共に機能している状態をさすと考えられる。これに対して妄想－分裂態勢とは、エスが自我よりも優位に機能しており超自我が機能不全に陥っている状態であると考えられる。たとえば、怒りに我を忘れて暴力をふるう状態や、性的な欲望で頭がいっぱいになって社会的に認められないような空想をしたりそれを実行してしまったりする状態や、ある人には全面的に甘え、ある人は全面的に敵視するような状態などが妄想－分裂態勢である。

エスと超自我が結託して自我よりも優位に働いている状態も、一見、超自我が正当性を主張しているかのように見えて、その実、エスの不合理な衝動性に動かされているため、やはり妄想－分裂態勢である。たとえば、相手の過ちを過度に責め立てる振る舞いや、独裁者が自分の好みの理屈で自分に反対するものを虐げる行為がこれにあたるだろう。エスが超自我よりも優位であるほど、その振る舞いは偏狭で顰蹙を買うものになる。たとえばヘイト・スピーチをするような排他主義的な運動体の集団などがその例である。

慢性的にエスが自我より強く、かつ自我も強くて集中力が高く、妄想－分裂態勢が持続している時間が長い一群の人がいる。恐れを知らないいわゆる有能な兵士やカリスマ的なリーダーの中に見られる「戦士の遺伝子」を持つサイコパスの人である。ダットン[57]によると、サイコパスの中で超自我が強い人は聖人や企業のトップなどに見られ、並外れた仕事をするが、超自我が弱い人は犯罪者になることが多いようである。

次に、自らの安全を守るための生得的なシステムとして機能している対人関係として、アタッチメントの概念がある。安全と安心感をもたらすアタッチメント関係は自我や超自我の成長の前提となる重要な人間関係である。[58] アタッチメント理論は、提唱者のボウルビィが精神分析学界からは異端児として批判され、主に発達心理学の領域で発展してきたが、近年ではピーター・フォナギーなどにより、精神分析学との統合が試みられている。[59] 彼は、精神分析学の古典的な幼少期の母子関係を重視する立場から、幼児期の親との関係を語らせて、その語り方に現れる無意識の防衛によってアタッチメントの型を測ろうとする、成人愛着面接（Adult Attachment Interview, 以下、ＡＡＩと略記する）によってアタッチメントをとらえた。しかし、アタッチメントを、今ここで機能している対人関係システムとしてとらえる場合には、ＡＡＩによるアタッチメントの捉え方には限界があると考えられる。

本書では、アタッチメントを、遠藤[60]に沿いながら一部改変し、「個体がある危機的状況に接し、あるいはまた、そうした危機を予知し、恐れや不安の情動が強く喚起されたときに、特定の他個体への近接を通して、習慣的な安心の感覚（felt security）を回復・維持しようとする傾性」と定義する（註　security は従来、安全や安定と訳されることが多かったが、本来の意味からは安心と翻訳するべきであると考え、安心とした。遠藤も、secure を安心、insecure を非安心と翻訳することに同意している：2016, personal communication）。そして、過去の親子関係ではなく現在の人間関係から思春期以上の人のアタッチメント・システムを測定するアタッチメント・スタイル面接（Attachment Style Interview: ASI）[61]の考え方でアタッチメントをとらえる。ＡＳＩでは、成人にとっての「安心な（secure）アタッチメント関係」を、「危機的状況において、不安や恐れを感じたときに、心のうちを打ち明けて相談する行動があること。それに対して、アタッチメント対象が共感的、かつ、サポーティブな応答をすること。その結果、安心感が得られる関係が維持されていること。その相手を、かけがえのない人であると感じている、すなわち、その関係は重要で壊したくない、失いたくないものと感じていること」として測定する。

安心なアタッチメント関係は、自我が現実の壁にぶつかって苦痛を感じ、それに耐えきれないときに逃げ込む安全な避難場所（safe haven）として機能する人間関係であり、また、新しい経験に挑戦したり困難な課題に取り組もうとしたりするときに安心感を供給する基地（secure base）として背後から応援し、探索システムの起動を可能にする人間関係でもある。さらに、安心なアタッチメント関係は安心感を供給するにとどまらず、冒険に踏み出すときの度胸や、苦痛をこらえつつ何かの課題に向かって努力する力が生まれる土壌でもある。自信や自尊心も、安心なアタッチメント関係がなければ生じない。ただし、安心なアタッチメント関係は自信や自尊心の必要条件であるが十分条件ではない。自信や自尊心の実質は自我と超自我の協同により生じると考えられる。超自我については後に述べる。

アタッチメント関係は、他者との対人関係の領域に生じる「関係システム」であり、個人の心の機能である自我の機能そのものではない。自我が成熟した人は安心なアタッチメント関係を他者との間に築くことができるが、安心なアタッチメント関係を維持しているからといって自我が成熟しているとは言えない。たとえば、幼児の自我は未熟だが、母親が子どもの心理的な状態に応じて共感的な応答を繰り返す中で安心なアタッチメント関係を作り、維持することができる。また、自我の一部が未熟で感情のコントロールがうまくできないクライエントは、セラピストがクライエントの心理的な状態に応じて共感的な応答を繰り返す中で安心なアタッチメント関係を作り、維持することができる。

一方、アタッチメント関係の内的作業モデルは、対人関係についての学習に基づくアタッチメント関係システムがどのような経過をたどるかについての予測であり、他者に助けを期待し求めようとする行動計画である。すなわち、アタッチメント関係の内的作業モデルはエピソード記憶であり、作業記憶である。自我はこの記憶に基づいて、必要に応じて、計画を実行する、すなわちアタッチメント行動を起こすのである。

自我は、アタッチメント関係にかぎらず、さまざまなエピソード記憶、作業記憶に基づいて行動計画を立て、実行している。そして、繰り返しになるが、自我に圧力を加えるのが、エス、超自我、外界なのである。

4　自我の情報処理機能と防衛機制

自我の重要な機能の一つは、知覚した外界の現実と内界の現実（エスや超自我）から押し寄せてくる圧力の両方の情報を取捨選択し、学習すること、記憶すること、記憶から必要な情報を取り出すことなどの情報処理である。

心の内外の情勢がほぼ安定し、心理的に安全で安心な状態にあれば、この情報処理は適切に行われる。人間に生来備わっている新しい情報を取り込みたい欲望が外界および内界のものごとについての学習を促進し、適応に必要な情報を取捨選択して記憶したり、記憶から取り出したりすることができる。内界のものごとについての学習というのは、たとえば、自分がどんなときに何を感じるのか、とか、自分をほめたりけなしたりしたくなるのはどんなときかが理解できるということなどである。

一方、心の安定を揺るがす脅威が心の内外に起きているときに、心の安定を守るため、心の平和を防衛するために自我に備わっている装置が防衛機制（defense mechanism）である。防衛機制の中には自我の発達と共に適応を助ける機制として発達するものもあれば、病理的なシステムとして不適応を生じる機制として発達するものもある。防衛機制の多くは文脈や強さによって適応的にも不適応的にもなる。刃物が手にする人により料理道具にもなれば凶器にもなるのと同様である。

フロイトが精神分析理論を作っていく中で最初に重視したのは「抑圧」という防衛機制であり、ある欲動と結びついた表象（思考、イメージ、記憶）を無意識の中に押し戻すとか、無意識にとどめようとする機能だった。[62] 防衛機制についての研究はアナ・フロイトをはじめ多くの人に引き継がれ、若干混線気味になっている。[63・64] アメリカ精神医学会が二〇〇〇年にＤＳＭ－Ⅳ－ＴＲで提示した「防衛機能尺度」は防衛機能として自我の機能を正常と異常を含んで拡大して整理している（表1）。

防衛機制の中で、どのような文脈、強さで用いられても明らかに適応的であることが多い防衛機制は、「高度な適応水準」のものとされている。これは、精神分析学においては自我の適応的な機能として記述されていたものである。一方、どのような文脈、強さで用いられても明らかに不適応的で病的な防衛機制は、「防衛制御不能水準」とされている。これは、社会適応という観点からは失敗を運命づけられた防衛であり、病的な心のありようそのものの記述である。精神分析学が自我の機能として発達させてきた防衛機制の概念はその中間にある「精神的制止」から「行為水準」にいたる防衛機制に該当する。これらは、用いられる文脈と強度、そして「自我と超自我が結合し、不可分のものである」[65]かどうかによって、適応的に働くこともあれば不適応的に働くこともある。防衛機制については、超自我とも関係しているため、超自我について述べた後に第3章で発達過程に沿ってみていく。

表1　防衛機能尺度（DSM-Ⅳ-TR，2000）

高度な適応水準	予期 連携 愛他主義 ユーモア 自己主張 自己観察 昇華 抑制	anticipation affiliation altruism humor self-assertion self-observation sublimation suppression
精神的制止 （代償形成）水準	置き換え 解離 知性化 感情の隔離 反動形成 抑圧 取り消し	displacement dissociation intellectualization isolation of affect reaction formation repression undoing
軽度の心像歪曲水準	価値の引き下げ 理想化 万能感	devaluation idealization omnipotence
否定の水準	否認 投影 合理化	denial projection rationalization
重度の心像歪曲水準	自閉的空想 投影性同一視 自己像または他者像の分裂	autistic fantasy projective identification splitting
行為的水準	行動化 無感情的引きこもり 援助の拒絶を伴う愁訴 受動攻撃性	acting out apathetic withdrawal help-rejecting complaining passive aggression
防衛制御不能水準	妄想的投影 精神病的否認 精神病的歪曲	delusional projection psychotic denial psychotic distortion

4　超自我

1　超自我の誕生

フロイトの人生の後半は、一時期は一つの学派として急速に拡大し世界に広がっていくかと思われた精神分析の学界が、ユングなどの弟子の離反により、内側からほころびはじめ、さらに、第二次世界大戦期のユダヤ人の弾圧という外からの圧力により、暴力的に生活そして生命さえも危険にさらされるという、失望や絶望に満ちた苦いものであった。その中で、フロイトは人間の中にある悲惨な状況にあってもなお精神の高みから理想を語りよく生きようとする心の働き、また、悪に対して懲罰を加えようとする心の働きについて「超自我」と名づけて人間の心の構造の理論を今ある形に発展させた。

超自我は親や養育者など、人が同一化する対象である人物が持つ超自我を取り入れることから育つ。同一化（identification）と取り入れ（introjection）は、人が人との関係の中で影響を受けるときに無意識に生じる心の動きである。フロイトは、超自我の起源を両親との三角関係すなわちエディプス・コンプレックスを克服する段階で生じる同性の親との同一化におき、「超自我はエディプスの遺産である」と述べた。しかし、タイソンは四、五歳のエディプス期よりももっと早い乳幼児期から始まる長い超自我発達の過程があるとしている。[66] そして、親を理想化し、親の中にある社会規範や道徳と同時に、愛し世話をする姿勢を取り入れることが超自我の起源であるとした。[67] 言い換えれば、養育者の中にある社会の規範や価値観と、養育者との間で体験されるアタッチメント関係を取り入れることが超自我の起源である。そして、人間は社会の中で生活するうちに、さまざまな人の超自我を取り入れて独自の超自我を発達させていく。抽象度の高い方向へ向かう超自我発達もあれば、濃い情緒的な結びつきの中で一定の人間の影響の色に染まりつづける超自我発達もある。いずれにせよ、超自我は発達するにつれて、遺伝子の引き紐から遠ざかっていく、すなわち動物としての自然に備わった心のシステムとは異質のミーム（文化的遺伝子）となっていくものである。

超自我の機能には自我がめざすべき理想（自我理想）の姿を示すことと、社会や道徳の規範に照らして自我の行動を規制する、すなわち規範に反する振る舞いを禁止するという大きく分けて二つの機能がある。すなわち、自我に対して「何かをするべきだ」「このようにあるべきだ」と圧力をかける機能と「何かをしてはいけない」「このようにあってはいけない」と禁止する機能である。脳科学の視点からは、超自我は眼窩・腹内側部皮質に位置していると考えられる[68]。

超自我の機能は、エスをコントロールするための規範を自我に提供する側面を持つ。コントロール（control）は、ラテン語の cotrarotulus を語源とし、ラテン語 contra は英語で against、ラテン語 rotulus は英語で roll であり[69]、巻物に書かれた規範により秩序を乱すものに対抗する、という意味を含んでいるようである。超自我はエスの暴走に対抗する規範としてたちはだかったり、エスの怠惰に対抗する規範としてなすべきことに向けて自我を駆り立てたりするとも言えよう。

2　超自我の取り入れ

超自我は倫理性や社会規範などのその人間が所属する社会集団のルールにより構成される。フロイト（一九三三年）は、「人類は必ずしも現在においてのみ生きているのではなく、超自我によって継承されるイデオロギーの中には、過去、つまり種族と民族の伝統が生きつづけています。この伝統は、現在の力ないし新たな変化にはごくゆっくりとしか道を譲らないものですし、また、超自我を通して作用するわけですから、そのかぎりにおいて、人間生活の中で、経済的諸関係などには左右されない強力な働きを行使するものなのです」[70]としている。しかし、流動性が高くなった今日の西欧社会や日本社会においては、フロイトが描くほどに強固な伝統のミーム（文化的遺伝子）を伝えることができない社会集団が多いのではないかと思われる。

超自我が取り入れる社会のルールは所属集団によって異なる。すなわち、誰のどのような超自我を取り入れるかということにより、その人の中にある超自我の内容は異なってくる。極端な例だが、泥棒集団の中で育った子どもは人のものを上手に盗むことがよいことだと信じる超自我を持つかもしれない。また、時期により重要な対人関係は異なるが、超自我の取り入れはそのときに自分にとって重要な対人関係の中で生じる。幼少期の子どもは育ての親の超自我を取り入れる確率が高いが、思春期にはたとえば所属しているクラブの顧問の先生の超自我を取り入れる子どももいるだろうし、また、仲間集団のリーダー的な友人の超自我を取り入れる子どももいるだろう。

また、取り入れる対象は直接関係を持つ人間だけにかぎらない。文字が読めるようになれば本やインターネットから、映像を理解できるようになればアニメや映画から、劇を見に行けば劇から、宗教集団や政治集団の集会にいけば集会で語られることからなど、多様な刺激の中から多かれ少なかれ超自我の取り入れが起きる可能性がある。ただ、その取り入れあるいは影響は、刺激の量や質によっては一時的なものとなることもある。たとえば貧しい人が自分よりもさらに貧しい人を助ける映画を見て、「自分にとって最低限必要なものをなげうってでも自分よりも困っている人を助けるべきだ」という超自我の理想を一時的に取り入れても、二日後には、友人から災害で苦しむ地域への募金を誘われたときに「お小遣いを減らしたくないな、新しい洋服ほしいし」と思って募金を断る人もいるだろう。

インターネットは広い世界に開かれているはずであるが、実際には一人で情報の選択をすることによりタコツボ化[71]を促進したと言われている。すなわち、一人で自由に広大な情報の世界から情報を取捨選択できる状況下で、人はどんどん自分が好む情報ばかりを選択して取り入れ、見たくないものは見ないですませるようになる傾向がある。そして類似の価値観を持った人々がインターネットの中で集団を作り、内輪でその価値観を増幅させる現象が見られる。ネットの中のバーチャルな集団の価値観が超自我として取り入れられている人もいるだろう。あるいはある過去の時代の思想家に心酔してその著書を何冊も繰り返し読んでいる人は、同時代の人の超自我ではなく過去の思想家の超自我を、本を通じて取り入れてそれによって自分の超自我を固めていくかもしれない。

一方、一人で情報の世界を渉猟していても、似たもの同士の集団の中に身を置いていたとしても、自ら脇道にそれたり、まったく逆の情報にアクセスしてみたりする人もいる。そのような相対化の作業ができれば、超自我は寛容さや広い視野を持ったものに育っていくだろう。しかし、それができずにただタコツボに入り込んでしまった場合には、超自我の発達は自己愛的で狭い幼児的な水準に停滞してしまう。タコツボに入りっぱなしにならないための能力である批判的精神、同調圧力に負けずに自分で考え行動する自立性、そして自由で柔らかい頭を育てるのは、教育の重要な役割の一つである。

3　超自我の圧力と自己評価

幼少期に超自我の最初の形を作り育てていくのは、多くの場合に現実の人間関係である。近年、幼少期からテレビやタブレットやスマートフォンやＤＶＤなどの映像に接する時間はかなり増えていると思われるが、それが子どもたちの超自我形成にどのような影響を与えているのかは今後少しずつ明らかになっていくだろう。現実の人との関係で超自我が育つ場合に、取り入れる対象である人との関係の強さによって、超自我からの圧力の強さは異なる。関係の強さには、支配－従属関係の強さとアタッチメント関係の中の安心感あるいは不安感の強さと質、の二つの側面がある。

養育者との関係において支配－従属関係が弱く、アタッチメント関係が安心なものである場合は、超自我の圧力はほどよいものとなるだろう。親子関係でいえば、子どもの人間としての尊厳を大切にし、子どもの気持ちに対して共感性豊かに応えるような親子関係である。そのような親の中にある超自我は他者に対する寛容さと敏感さを備えているので、圧力は過剰にはならない。そして、そういう親の超自我を取り入れた子どもは、自分や他者に対して支配－従属関係を作ろうとはせず、寛容で敏感になるだろう。そして、健康な自己愛が育っていくと考えられる。健康な自己愛とは、超自我からの肯定的な評価とエスのそれに対する喜びとに支えられた自由で伸びやかな自信である。健康な自己愛は、自我が適応的に機能することを支えると同時に、自我が適応的に機能することでより強化される。

超自我は親から取り入れられた最初のころには融通がきかず、エスの暴力性をおびがちで、過度に残酷な性質、あるいは過度に理想化された性質を持っている。小さい子が「まじめすぎる」ことで苦笑する経験を持った親は多いだろう。また、親や先生に叱られるとこの世の終わりのように泣いたり沈んだりする子どももいる。この時期の超自我のイメージは童話やアニメの中の天使、正義の味方のヒロイン、ヒーロー、よい魔女、魔法使いなどに表されている。タイソン[72]は、この発達的に未熟な超自我の萌芽を超自我前駆体（イントロジェクト）と名づけた。超自我前駆体は、親との関係が安心できる関係として継続している場合には、子どもが成長するにつれて徐々に親の超自我の寛容さや柔軟性を取り入れていき、優しさや柔らかさを備えたものに変化していく。また、子どもの認知能力が発達し、親を一人の人間として見ることができるようになっていくと、親から取り入れた超自我も絶対的なものという性質を少しずつ失っていくものである。「なあんだ、お母さん（お父さん、あるいは、先生など）がいつも正しいわけじゃないんだ！」というガッカリとほっとする気持ちとがいりまじった体験である。ただし、超自我はどこまで軟化してもルールなので厳しさや批判的な姿勢を完全に失うということはない。

養育者との関係において支配－従属関係が強かったり、アタッチメント関係において拒絶される不安や見放される不安が強かったりする場合には、超自我の圧力が強くなる。支配－従属関係においては、支配する側が従属する側の感情や事情を無視して自分の欲望や願望を満たすように相手を統制しようとする。そういう関係の中では、従属する側の人はアタッチメント欲求すなわち、つらかったり苦しかったり不安だったりするときに人に近づいて自分のネガティブな感情をしずめてもらって安心感を取り戻したいという欲求を押さえつけたり否定したりする。あるいは、過剰にアタッチメント欲求を出しつづけて満たされないことに対する不満を言いつづけることもある。いずれの場合にも、相手からかえってくるのは怒りや冷ややかな無関心という否定的な反応であり、それは支配－従属関係の中では罰として体験されるので、超自我の圧力はいやが上にも高まる。そして、理不尽に懲罰的な関係を強要される支配－従属関係の中で取り入られる超自我は、理不尽に懲罰的な性質を持っている。このような超自我のイメージは、たとえば、童話やアニメ等では暴君の王や女王、あるいは悪役集団の残酷なリーダーとして表されたりする。

超自我の圧力が強い一方で、超自我が示す理想に対して現実の自我の達成がそれに及ばないという経験が重なると、超自我からの自我に対する低い評価が「劣等感」「自信のなさ」「自己評価や自尊心の低さ」をもつ自己概念として記憶され、心に刻み込まれる。フロイトが「去勢」と呼んだ関係性や、脆弱な自己愛（コフート）[73]はその例である。

超自我の圧力が強く高い理想を要求するのに対して、自我が努力してその目標を達成する経験を重ねると、超自我からの賞賛が「優越感」「自信」「自己評価や自尊心の高さ」を持つ自己概念として記憶され、心に刻まれる。そのまま自己評価が高く維持されるといわゆる「自信家」になるだろう。一方、ふくらんだ自信がなんらかの挫折体験でしぼんでしまうと、そのみじめさを補償するために病的に誇大的な自己愛（コフート）が生まれることもある。

次に超自我の圧力が弱すぎる場合というのは、一つには心理的に世話（ケア）をしてもらえずに放置されている場合である。その中には世話をする人（保護者）が物理的にはそばにいても上の空で事務的に自動化した処理として世話をする場合や、世話をする人がめまぐるしく変わり、同一化するだけの関係性が形成される前に関係が消える体験が繰り返された場合も含まれる。前者の例として、スマートフォンなどに夢中で子どもの目を見ようとしない養育者などがあるだろう。後者の例としては、難民となった子どもや遺棄された子どもが、保護する人がいなくなり世話をする人の間をたらいまわしにされたりする場合などがある。このような場合には超自我は未熟で混乱したものにとどまる。子どもの超自我の健康な発達には、ある程度の一貫した心の籠ったケアをされる関係が必要であると思われる。ただし一貫したケアが継続する必要最小限度が数日なのか数カ月なのかについては厳密には知りえない。倫理上、実証研究は不可能だからである。

超自我の圧力が弱すぎるもう一つの場合は、養育者自身の超自我が未熟で、人として、または親として自信がない場合である。結果として世話を放棄するネグレクトが生じたり、子どもが自分の思い通りにならないことに腹をたてて暴力をふるったりするなどの虐待をする場合も多い。このような「たよりにならない」「困った」養育者の周囲に、心配してかわりに子どもを世話しようとする大人が出てくる場合には子どもの超自我は、しっかりした超自我をもって世話をしてくれる人との同一化によって発達することができる。また、養育者が、超自我は未熟であってもある程度子どもに対する共感性をそなえている場合には、子どもは養育者との間で心が満たされる関係を断片的にであれ持つため、少し成長すると子どもが養育者を世話する役割を取る「役割逆転」がみられることも多い。このような子どもの超自我は、部分的に育っているところもあるが、子どもとして世話をしてもらえなかった欲求不満や怒りや悲しみが澱のように心の中に沈んでおり、また基本的な自信がないので、何か機会があると対人関係の中で問題が生じることが多い。たとえば、超自我がかなり未熟で社会生活が破綻しているような人を好んでパートナーにして、葛藤的な関係の泥沼にはまってしまったりする。

養育者の共感的な関わりが少ない場合には、アタッチメント関係は不安を多く含む関係となり、超自我は硬直した冷たいあるいは暴力的なものとなる。暴力的な虐待やネグレクトはその典型例である。そこまで極端ではなくても、子どもに対する共感性が低い養育者の場合に多かれ少なかれ、心理的な暴力と呼ぶにふさわしいような、子どもの心を傷つける関わりが「しつけ」としてなされることもある。また、養育者が子どもに対して無関心だったり、何らかのストレスへの対処に手一杯で子どもに関心を向ける余裕がないために、子どものアタッチメント欲求に応じることができなかったりした場合にも超自我の発達が阻害される。自分に十分に関心を向けてもらえなかった子どもの超自我は自分に対して低い評価しか与えないものとなる。たとえば仕事の上では能力が高く、社会的にも高い評価を得ているにも関わらず、なぜか自分に自信が持てないという人の内面を探索していくと、冷たく無関心な養育者との同一化にぶつかることがある。

成熟した超自我を持つ人が安定してそばにいて世話をしてくれることがないと、超自我の発達にはさまざまな問題が生じることを見てきた。しかし、幼少期には、短い時間であったとしても継続的に頼る特定の大人が周囲に誰かしら存在するので、断片的なものであっても、超自我の取り入れは皆無とは言えない。良心のかけらもない、という言葉があるが、超自我のかけらはどんな人にもあるだろう。そして、安定した同一化ができる安心で信頼できる関係に恵まれない場合でも、社会で生き延びるために、見よう見まねで仮の同一化をして社会のルールを取り入れて超自我の機能を部分的に発揮する経験もあると思われる。しかし、そのような表面的な同一化は背後に不信感があるためにもろく、長続きしない。そして超自我が未熟であったり混乱した不安定なものであったりする場合、超自我からの承認も不安定であるために、自己評価は低く、混乱したものとなる。

また、心理的に世話をされない上に、言葉をはじめとする心理的暴力や身体的な暴力を伴う関係が加わる場合には、さらに超自我の発達は阻害されるだろう。虐待はその典型的な例である。ただし、親から虐待されていても、自らが親になったときに虐待をするとはかぎらない。親以外に適切なケアを与える安心なアタッチメント対象となる人に出会えた場合には、子どもはケアをしてくれる人に同一化してその人の超自我を取り入れるからである。

超自我が未熟であるということは内在化した安定的な自己評価が欠けているということである。簡単に言うと自信がない状態である。人は人とのつながりの中でしか生きていけない。超自我が内在化していれば、つながりは内在化されている。一人、山にこもって修行をする宗教者は、超自我が確固として内在化しているために何年でも一人で生きていけるのだろう。超自我が未熟である場合、自己評価をたえず自分の外部とのつながりの中で確かめる必要が生じる。そして、そのつながりが絶たれたときには、人は自殺に向かうか、つながりを絶ったものに怒りをぶつけるか、あるいは、何らかの「人目をひく」行動によりつながりを回復しようとするのだろう。超自我は人間を社会の中に包摂するための鍵となる。子どもの超自我を育てられるような「大人」が一定数再生産されつづけなければ、社会は崩れていくのではないだろうか。

第3章　精神分析的に見る人間の発達

1　E・H・エリクソンの貢献と限界

1　エリクソンによる発達理論の改訂

精神分析学における発達理論は、着せられた衣装の不適切さゆえに嫌われ者になった不幸な歴史を背負っている。精神分析の発達理論は「精神性的発達」と呼ばれ、フロイトが考えたところの、性感帯がある器官の推移によりその土台が作られた。そこで、その発達段階は、「口唇期」「肛門期」「男根期」「潜伏期」「思春期」と命名された。あまり品がいいとも言えない名前に加えて、その説明として前戯や異常性愛が語られるのだから、性を語ることへの躊躇が大きかった時代に精神分析学の発達理論が敬遠されたのは無理もないと思われる。一方、現代の西欧や日本は、フロイトが生きた一九世紀末のウィーンにおける性への抑圧の状況とはかなり異なり、性についてのタブーは少なくなっている。また、幼児期の自慰行為の存在も広く知られるようになり、子どもが性欲を持っていることは常識となった。したがってこれらの命名が適切であれば受け入れられる素地はあったと思われる。

しかし、フロイトの死後に飛躍的に発達した発達心理学のさまざまな実験や観察の研究の結果から、快感の中心が各期によりうつりかわるというフロイトの仮説を裏づける証拠は見いだされていない。それでは、フロイトの発達理論は不適切なものとして完全に捨て去られたかと言えば、そうではない。精神分析学以外の発達心理学などにおいても微妙に姿を変えて生き残っている。フロイトの発達理論を延命させた第一の功労者は、E・H・エリクソンではないだろうか。

エリクソンは、アナ・フロイトの弟子として精神分析療法家としての資格を取得し、アメリカで活躍した心理学者である。彼は、青年の治療で頭角を現したが、一方、人類学者と共に、アメリカ原住民のフィールドワークをするなど[1,2]、広い視野から人間の発達について考察した。エリクソンの「ライフサイクル論」[3]は、フロイトが成人期までしか語らなかった人間の発達を中年期と老年期にまで拡張し、さらに次の世代へさまざまなものを継承し、次世代の基盤となる「輪」として人間の生を論じたものであり、その後の発達心理学に大きな影響を与えた。

また、エリクソンが発生学に倣って提唱した漸成（epigenesis）という、それぞれのシステムには固有の発現時期があり、システム間のバランスも重要である、そして、先行段階で獲得されたものが、後続の水準で継続的に統合されていく、という考え方は進化論的な発達理論の趨勢[4,5]を反映している。従来の心理学の発達理論では、白紙に絵を描いていくように、あるいは階段を登るように連続体として発達を捉えていた。これに対して、漸成説は、いくつかのシステムの発達ラインが相互に関係しながらも、不連続にそれぞれの契機に応じて発現していきつつ有機的に統合されていくという捉え方である。これは縦軸としてシステムごとに発達ラインをとらえながらも横軸として全体性を見る視点を与え、「有機体の成長と深く関わる人間の現象を支配する相対性の理解を促進した」[6]という意味では画期的なものであった。

しかし、身体的な器官の発生と人間の心理学的な発達とをそのまま結びつけることには若干、無理もある。たとえば、エリクソンは目を例にとり、「その器官が優先的に発達する時期を失すると、その器官は一つの存在としての不具を運命づけられるばかりか、同時に諸器官全体のハイエラーキーをも危険にさらすことになる」[7]としている。しかし、たとえば、乳児期からいわゆる幼児期にかけての自我が優先的に発達する時期に虐待を受けて自我の発達が阻害されても、後に自我を育てなおすことはできる。それは、福祉関係者も臨床心理学者も精神科医もよく知っていることである。またエリクソンは、「各々の部位は、その部位の発達の決定的かつ臨界的な時期が正規に到来する以前にもなんらかの形で存在し」ていると記述しているが、[8]これは人間の心の部位（システム）の一つである超自我についてはあてはまらないだろう。超自我が生後直後に存在しているとは定義の上からも考えられないからである。

一方、エリクソンがS・フロイトの発達段階の区分を受け継ぎながらも、心理－性的発達に並置する形で心理－社会的発達の過程を重視した発達理論の拡張を行ったことは、精神分析学の視野を広げたという意味でもう一つの大きな貢献である。すなわち、彼は「これまでの事例史及び生活史に関する経験をもとに、人間の実存は相互に補完しあう三つの体制化《オーガニゼイション》過程に依拠しているという仮定」を提唱した。その三つとは、「身体を構成する器官系を階層的に体制化する生物学的過程（soma）、自我統合によって個人的経験を体制化する精神的過程（psyche）、個々人の相互依存性を文化的に体系化する共同的過程（ethos）の三つである」[9]。

エリクソンは、フロイトが口唇期（oral phase）、肛門期（anal phase）、男根期（phallic phase）、潜伏期（latency phase）と名づけた発達段階の名称を、乳児期（infancy）、幼児期初期（early childhood）、遊戯期（play age）、学童期（school age）という一般的な名称に変更し、その後の段階を青年期（adolescence）、成人前期（young adulthood）、成人期（adulthood）、老年期（old age）とした。[10] そして各発達時期における心理・性的な段階と様式、心理・社会的危機、重要な関係の範囲、基本的強さ、中核的病理、関連する社会秩序の原理、統合的儀式化、儀式主義、という八つの視点からなる図式を提案した（表2）。

エリクソンは、特に最初の三つの時期（乳児期、幼児期初期、遊戯期）と最後の老年期を、身体の発達変化および認知能力の発達変化と不可分なものとして論じた。エリクソンの発達理論の中で、時代と社会を超えてある程度の普遍性を持つと考えられるのは、これらの四つの時期であろう。これらの時期は、生物学的な変化および認知能力の変化による影響が、時代や社会の影響を凌駕する部分があると考えられるからである。その間に位置する学童期、青年期、前成人期、成人期については、社会によりかなり違いがあり、特定の時代・社会に限定した発達図式を描くことしかできないのではないかと考える。たとえば、青年期については性のめざめという生物学的な要因は大きいものの、青年期と成人前期、成人期の段階については、社会によっては一〇代で仕事についたり結婚したりして社会の構成員としての責任を負わされることが自然な場合もあれば、日本のように、多くの一〇代が「学生」として社会の構成員になる準備中の半人前扱いをされる社会もあるからである。また、学童期という、社会で何らかの役割を担うための訓練集団に入る時期やその集団の性質も、時代や社会によりかなり異なる。精神分析学における発達理論、さらに言えば現在欧米を中心とするいわゆる先進諸国で展開されている学童期、青年期、成人期の発達心理学の普遍性は限定された範囲にとどまっていると言わざるをえない。

表2　エリクソンによる発達段階の区分（E. H. エリクソン他『ライフサイクル，その完結』みすず書房，1989年，34頁より）

発達段階	A 心理・性的な段階と様式	B 心理・社会的危機	C 重要な関係の範囲	D 基本的強さ	E 中核的病理 基本的な不協和傾向	F 関連する社会秩序の原理	G 統合的儀式化	H 儀式主義
Ⅰ　乳児期	口唇－呼吸器的，感覚－筋肉運動的（取り入れ的）	基本的信頼 対 基本的不信	母親的人物	希　望	引きこもり	宇宙的秩序	ヌミノース的	偶像崇拝
Ⅱ　幼児期初期	肛門－尿道的，筋肉的（把持－排泄的）	自律性 対 恥，疑惑	親的人物	意　志	強　迫	「法と秩序」	分別的（裁判的）	法律至上主義
Ⅲ　遊戯期	幼児－性器的，移動的（侵入的，包含的）	自主性 対 罪悪感	基本家族	目　的	制　止	理想の原型	演劇的	道徳主義
Ⅳ　学童期	「潜伏期」	勤勉性 対 劣等感	「近隣」，学校	適　格	不活発	技術的秩序	形式的	形式主義
Ⅴ　青年期	思春期	同一性 対 同一性の混乱	仲間集団と外集団：リーダーシップの諸モデル	忠　誠	役割拒否	イデオロギー的世界観	イデオロギー的	トータリズム
Ⅵ　前成人期	性器期	親密 対 孤立	友情，性愛，競争，協力の関係におけるパートナー	愛	排他性	協力と競争のパターン	提携的	エリート意識
Ⅶ　成人期	（子孫を生み出す）	生殖性 対 停滞性	（分担する）労働 と （共有する）家庭	世　話	拒否性	教育と伝統の思潮	世代継承的	権威至上主義
Ⅷ　老年期	（感性的モードの普遍化）	統合 対 絶望	「人類」 「私の種族」	英　知	侮　蔑	英　知	哲学的	ドグマティズム

そこで、次に生物学的および認知機能の変化と心理的な変化が明確に連動していて、かなり普遍性があると思われる四つの時期である乳児期、幼児期初期、遊戯期と老年期についてエリクソンの理論を軸に精神分析的な発達理論を見ていこう。

2 乳児期

生後の最初の三期について、エリクソンの議論の中には、アナ・フロイトの忠実な弟子として性的な快感部位に応じて語っている部分も含まれているが、これについては妥当性が低いと思われるので省略し、現代にも通用すると思われる議論だけを取り上げる。

「乳児期」は、乳飲み子という名の通り、養育者から与えられる乳を受け取って生きるしかない、骨も筋肉も神経も未熟な時期である。乳児は、自分を見下ろす世話をしてくれる人との関係の中で、与えられるものを得ること、自分が望むものを与えてくれる人がいること、自分や人や世界を信頼すること、を学ぶ。この時期に乳児が獲得する心理的な強さは希望、すなわち何かを望む力である。乳児期に望みがかなえられない体験を多くしすぎると、望む力が育たず、自分、他者、世界に対する不信感と絶望が心に宿る。この最初期の発達段階において、信頼あるいは不信が養育者との二者関係の中で育つということは人類に共通の現象であると言ってもいいのではないだろうか。

一方、エリクソンは、人類学者と共に行った、対照的な生業を営み、それゆえにかなり異なる文化を持つ二つのアメリカ原住民の部族の子育てのフィールドワークから、乳児の世話、授乳や離乳の仕方をめぐる慣習を通じて、社会のエトスが子どもに伝えられることを印象深く描いている。[11] たとえば、獰猛さで知られていた狩人のスー族では乳児は無制限に母乳を飲むことを許される一方で、原住民の年取った女性たちが面白そうに話したところによると、乳児に歯が生えてきて乳房を噛むようになると、「赤ん坊の頭をごつんとなぐり、赤ん坊は狂ったように怒りだしたものだ」、そして、「将来りっぱな狩人になるか、ならないかはこの乳児期の怒りの激しさによって知ることができる」とされていた。[12] 社会のエトスは人間の一生を通じてさまざまな形で伝えられるが、それは乳児期から始まっている。文化の異なる人間どうしが理解しあう困難さは生まれた直後から始まっているのかもしれない。

3　幼児期初期

次に、「幼児期初期」は、骨と筋肉と神経の発達により、自らの意志で移動が可能になり、物をつかんだり離したりすることができるようになる変化により乳児期と区分される。すなわち自分の行動をコントロールすることができるようになるのである。幼児期初期には自律性が身につき、自我がシステムとして機能しはじめ、心理的な強さとして意志が備わる。

この時期、子どもは、他者の心を想像する能力を獲得する。「心の理論」と呼ばれたり、行動のリーディングと区別してマインド・リーディングと呼ばれたりするものである。哺乳類には他の個体の見ている世界を想像してそれに応じた行動をするという研究もあり、[13]「心の理論」を持つのは人間にかぎらない。進化プロセスは連続的なものである。[14] 子どもは一八カ月ですでに他者が見て知っていることと、見ていないから知らないことに気づき、その知識をもとに他者の行動を意味づけ、自らの行動を選択できるようになる、という。[15] 子どもの生存にとって重要な養育的な役割、保護的な役割を持つ大人が自分をどう見ているのかがわかるようになるのがこの時期であり、大人はこのことを利用して社会のルールを子どもに「教育」することを始める。ほどよい教育は子どもに社会の一員として自分は適格であるという自信を与える。一方で、厳しすぎる教育によって、深い恥の感覚が心に植えつけられてしまったり、自分の行動が自分の意志によるものなのかどうかがわからなくなってしまったりすることもある。哺乳類や鳥類においても同様に「子育て」が観察されるが、教えられる子どもが教える側の目を見るのは人間だけだという。このように、身体的な発達に伴い周囲の大人との相互作用の中で受け入れられている自分のイメージが形成されて自律性や意志が育まれる、あるいは阻害されることが生じる時期であることは、文化を超えて共通していると言えよう。

一方、そこで伝えられるルールである行儀作法や社会規範などはまさに文化のエトスを伝えるものである。日本語では行儀作法の教育を「躾」と呼ぶ。身を美しくするという漢字をあてたことは、主観的な調和の感覚を身体から身体へと伝える日本の教育の一つのエトスを表しているだろう。もっともこれは若干古い感覚であり、滅びつつある美学かもしれない。

ともあれ文化を超えて人間に共通していると思われる重要な心の発達の一つが、教育の営みの中で超自我の萌芽が生まれることである。教育は子どもにとって重要な大人との同一化を基礎として生じる。行動理論の視点から強化と消去で学習を理解するとしても、強化が生じる前提として何らかの関係がある。その関係には望むと望まざるとに関わらず、同一化が含まれていると考えられる。関係の中のほぼ半数は安心感をもたらすアタッチメント関係だろうと推測されるが、なかには不安や恐怖をもたらすような安心感が持てないアタッチメント関係や極端な場合には虐待のような関係も含まれるだろう。同一化はあたたかい快適な関係にのみ生じるのではなく、冷たい不快な関係においても生じる。

そして、精神分析学の枠組みでは、第2章に述べたように、重要な他者の超自我との同一化から超自我が生まれ育っていくと考える。ただ、この時期の超自我はまだ重要な他者の実在と連動して働くので、目の前に重要な他者がいなければ容易にエスの誘惑に屈する未熟なものである。また、内在化されはじめた初期には、使い方がよくわからない道具を見よう見まねでふりまわすような乱暴な性質を帯びた超自我であることも多い。

しかし、「いい子ね」などと超自我の萌芽を周囲の大人がほどよく承認してくれる経験は、子どもに社会の一員となった誇りを与え、自己評価と他者からの評価の調和の中で社会のルールを守ろうとする姿勢が育っていく。一方、この時期の社会のルールを教える方法が不適切だった場合、子どもは規則を守れなくなったり、守ろうとしなくなったり、逆に強迫的に秩序にこだわるようになったりする。教育で伝えられる内容、教育する方法の両方が時代や社会やその子どもの所属する共同体により異なるが、子どもの身体的な能力と認知的な能力の発達に伴い、社会のルールのミーム（文化的遺伝子）を伝える営みが始まり超自我が生まれるということは、さまざまな文化に共通しているだろう。

また、幼児期初期は自我が急速に発達する時期であり、同時に防衛機制として、抑圧や抑制、置き換え、投影、反動形成、取り消し、感情の隔離、解離などが心の安定を守る装置として備わる。次に、これらの防衛機制についてみていこう。

「抑圧」（repression）は「ある欲動と結びついた表象（思考、イメージ、記憶）を無意識の中に押し戻すとか、無意識に留めようとする精神作用。抑圧は、欲動の充足（それ自身は快感を与えるものである）が、他の欲求に対して不快を誘発する恐れのあるような場合に、生じる」[16]と定義される。ＤＳＭ-Ⅳでは「個人が、混乱する願望、思考、または経験を意識的気づきから排除することによって、情動的葛藤や内的または外的ストレス因子に対処する。その気持ちの成分は、それと関連した観念とは切り離されて意識の内にとどまっている」と定義されている。[17] ここで混乱する、と訳されているのは、disturbing であり、心の安定を妨げるものである。

抑圧が生じた場合には、原因となる願望・思考・経験は忘却の彼方に追放されてしまって「わけのわからない」感情だけが残っている。幼児期初期に始まる抑圧は多様な心理的な症状を生む。その抑圧されたものが意識に回帰するということが精神分析の基本的な治療機序である。フロイトはヒステリーの治療に始まり、長年この抑圧を心の問題の中心的な力動と捉えて取り組む中で精神分析を発展させた。なんだかわからないけれども症状がある、気分が沈む、イライラする、対人関係がうまくいかない、などの「わからなさ」を探索することは、まさに精神分析の醍醐味である。土居健郎はわが国の精神分析の草分けの一人だが、面接の一般的な心得を述べる中で「わからないことをわかる」ことの大切さを説いている。[18] 長年抑圧されてきた思いは、わからないことさえわかりにくい。なんだかわからないけれども、と言っていた部分がすぐにわかって話せるようなら精神分析は必要ない。認知行動療法などの意識を扱うカウンセリングで対応できる。精神分析は辛抱強く薄皮をはぐように抑圧を取り除いていく方法の一つであるともいえよう。

抑圧と似て非なる防衛機能（Defense functioning. ＤＳＭ－Ⅳ）として「抑制 suppression」がある。ＤＳＭ－Ⅳでは抑制を「個人が、混乱する問題、願望、気持ち、または体験を意図的に考えないようにすることによって、情動的葛藤や内的または外的ストレス因子に対処する」と定義している。これは自我機能の中核をなす機能の一つであり、従来の精神分析の防衛機制には含まれない。ＤＳＭ－Ⅳでは、自我の適応機能を防衛機制とともにまとめ、ストレス対処の機能として防衛機能尺度とした。防衛機能尺度には含まれるが、従来の精神分析学の防衛機能としてはあげられていない自我の適応機能として、他に予測、提携、自己主張、自己観察がある。

抑制とは、たとえばお腹が空いた子どもがすぐに食べたいけれどもみんなが揃うまで我慢ができるようになるという自己統制の力である。前田重治は自我の機能の一つを「ちょっと待て」と表現した。[19] 抑制にはこのような我慢の他に、おあずけにする、気をそらす、などもある。認知行動療法では「気そらし法」としてこの防衛を教えている。

抑制の場合には意識の脇、前意識の領域にどけておくだけで、意識の外にまでは出していないところが抑圧とは異なる。抑圧が働いている場合には、意識の外、無意識の中へ願望や思考や経験が追いやられているという違いがある。

「置き換え」(displacement) について、ラプランシュらは「ある表象のアクセントや関心や強度が、その表象を離れ、別の表象へ移ることができる、という事実をさす。その場合この第二の表象は、もともとはあまり強いものではなく、第一の表象とは連想の繋りで結びついている」と記述している。[20] DSMではもう少し広く、「個人が、一人の対象に対する感情または反応を他の（通常は脅威の少ない）代理の対象に移し代えることによって、情動的葛藤や内的または外的ストレス因子に対処する」と定義している。

「置き換え」はいわゆる代理満足である。幼児期初期の子どもは認知的な未熟さもあり、容易にこの防衛を身につける。抑制とは別の意味の適応的なコントロールとしての「我慢」も置き換えの一つである。たとえば、テレビで見たウェディングケーキを食べたいとごねて、親から「ショートケーキで我慢しなさい」、と言われた子どもは置き換えの防衛を教えられていると言えよう。もちろん防衛機制は無意識的に自然に働く自我機能なので、教えられてできるようになるというものではない。経験の積み重ねが自我に取り込まれて自我の柔軟性が身についていくのである。

一方、不安から自然に発生する防衛として、実際に殺したいほど憎んでいる父親が夢の中では俳優に置き換えられて出てくるなど、直面できない、あるいはしたくない感情が、無難な対象に置き換えられて出てくるような例がある。また、精神分析の定石の一つとして、クライエントの語りの中に出てくる登場人物が誰か別の人の置き換えなのではないかと推測し、セラピストが連想を泳がせながらさまざまな仮説を立てるという理解の方法がある。

「投影（投映）」（projection）は「主体が、自分の中にあることに気づかなかったり拒否したりする資質、感情、欲望、そして「対象」すらを、自分から排出して他の人や物に位置づける作用をいう。これは太古的な起原を有する防衛であり、それはとくにパラノイアの場合に働くが、迷信のような「正常な」思考様式の場合にもみられる」とラプランシュらにより定義されている。[21] ＤＳＭでは、「個人が、自分自身が受け入れることができない気持ち、衝動、または思考を事実に反して他の人のせいにすることによって、情動的葛藤や内的または外的ストレス因子に対処する」と定義される。本書では人への投影に限定するＤＳＭの定義よりも広いラプランシュらの定義が妥当であると考える。

「幽霊の正体見たり枯れ尾花」はまさに投影である。シェイクスピアの「マクベス」の中で殺人に手を染めたマクベス夫人が夢遊病になり、夜中に手を洗っても洗っても血が落ちないと嘆くシーンも投影のわかりやすい例だろう。人のせいにしたり、自分の影におびえたりと、人はともすると自分の内面をスクリーンとしての外界に映し出す防衛を用いる。

心理検査の投影法はこのメカニズムをそのまま用いている。その代表的なテストであるロールシャッハ・テストの信頼性についての異論はあるが、[22] 心理療法の文脈と合わせて用いるときにはある程度妥当性のある方法であると考えられる（たとえば、馬場禮子、一九九七年）[23]。

投影は淡いレベルにとどまっていれば、自分の中の濁ったものを他人などの外界に見て、自分はクリーンであると安心してさまざまな活動に取り組めるという意味で適応的な防衛機制である。子どもが恨みを心の中にためないでケロッとしているのは忘れっぽいだけではなく、投影によって苦しい体験を自分の外に排出しているからではないかと推測される。ただ、投影が継続し濃くなってくると、投影が本物の相手の輪郭のように思われて自分の投影におびえたり反応したりして相手との距離を取り、捨てなくてもいい関係を捨てたりしなくてもいい喧嘩をする結果になったりする。これは成人の人間関係のトラブル、あるいは集団の間の抗争においてしばしば観察されるメカニズムである。この投影が高じて妄想的な心理状態が確信に変わると病気としてのパラノイアになる。しかし、精神の病のいずれもが、ある程度そうであるように、正常と異常の境は連続的である。精神分析においては投影の引き戻し、すなわち外界に映したものがもともとはその人の内面にあったものであることに気づかせる作業を行う。

「反動形成」（reaction formation）はラプランシュらによると「抑圧された欲望にたいする反動として形成された、それとは逆の心理的態度または習性（たとえば露出症的傾向を押える羞恥心）」と定義される。[24] ＤＳＭでは「個人が、自分自身が受け入れることができない思考または気持ちをまったく正反対の行動、思考、または気持ちに取り換えることによって、情動的葛藤や内的または外的ストレス因子に対処する」と定義している。

自分で自分の行動をコントロールする能力が身についてくることに並行して社会ではこうしなくてはならない、という「教育」が始まり、エスの欲求と現実社会からの要求圧力、あるいは超自我からの圧力との葛藤が生じる。そのときに、エスの欲求を抑圧した反動から気持ちを反転させた行動をとることで適応する防衛機制が反動形成である。怒りは笑顔に、甘えは強がりに、自己中心性は愛他性に、傲慢さは謙遜に、軽蔑は慇懃な態度に反転して表出される。この防衛機制は、本心とは裏腹であってもとりあえずその場で社会的に望ましい振る舞いができるという意味では適応的な防衛機制である。

しかし、同じ反動形成が反復されると、固まって仮面のようなものとなることがある。よい子の仮面は過剰適応とも呼ばれる。仮面であることが前意識的に自覚されていてすぐに取り外し可能なものであるうちは適応的だが、仮だったはずのものがいつのまにか自分自身であると錯覚され、自分で自分を縛ってしまう場合に不適応が生じる。ウィニコットやロジャーズが真実の自己と区別して「偽の自己」と呼んだものの一部はそのような反動形成の集積によってできている。偽の自己によって本当は自分が何をしたいのかがわからなくなったり、仮面をつけなくていい場面になると突然それまで反転して背後にあった攻撃的な欲求などが噴出したりすることもある。この長年固められてきた反動形成の蓄積に少しずつ揺さぶりをかけながらほぐしていく営みは、精神分析やクライエント中心療法のセラピストが得意とするところである。治療が成功裡に終結したときに、自分らしくなれた、という言葉が聞かれることが多い。

「取り消し」(undoing)(打ち消し、と訳されることもある)はラプランシュらにより「主体が過去の思考、発言、動作、行為をおこなわれなかったようにしようと努める心理機制。反対の意味を持つ思考ないしは行動がそのために利用される」と定義された防衛機制である。[25] ＤＳＭでは「個人が、受けいれることができない思考、気持ち、または行為を否認したり象徴的に修正したりするために作り出された言葉または行動によって、情動的葛藤や内的または外的ストレスに対処する」と定義している。

取り消しの起源は、幼児期の万能感空想の中にある魔術的な思考である。万能感は子どもが自他を評価する認知能力が備わってきたころに大人に比べて自分がいかに無力であるかに気づいたときに防衛として生じる「本当は、自分は何でもできるんだ！」という空想的な感覚である。その中に「だからこんなに嫌なことがあっても魔法の言葉をとなえれば（または魔法のしぐさをすれば）嫌なことは消える」という空想が含まれる。これが取り消しである。取り消しの防衛機制は自己効力感をめぐる無力感だけではなく、エスの願望に対して超自我が懲罰的に圧力をかけてきたときの不安や恐怖、対人関係の中で愛されたい人に愛されないのではないかという不安や恐怖など、さまざまなものに適用される。

取り消しの防衛機制は確認強迫という形をとることも多いが、ほどほどの弱さであれば、几帳面さや正確で真面目な行動という長所として適応的な自我の機能となる。ほどほどの弱さにとどまるかどうかは、周囲からかかる超自我圧力の強度や圧力をかける人間の共感性や寛容性、そして周囲との相互作用の中で育まれる自信の質によるだろう。巷にあふれる子育て指南の本に書かれつづけている子どもの上手な叱り方は、その「いい加減」についての知恵を伝えようとしているようである。

一方、強迫性障害はこの防衛機制を用いて失敗しつづけるという障害である。すなわち、不安が強すぎてストレスの対処のつもりで取り消しても取り消せたと思えず、何度も同じ取り消し行為を繰り返して日常生活に支障をきたすものである。投影の例であげたマクベス夫人の手洗いを繰り返す行為は取り消しの例でもある。取り消しの背後にある「思い」を理解しても症状が消えない場合には、反復強迫が「条件反射」行動となっている可能性があり、薬物療法や、行動を直接変化させる指示を含む森田療法や認知行動療法や条件反射制御法などのアプローチが有効である。

「感情の隔離」(isolation of affect) は、DSMにより、「個人が、本来関連のある観念を気持ちから分離することによって、情動的葛藤や内的または外的ストレス因子に対処する。個人が、ある特定の観念、(たとえば、心的外傷的出来事) の認知的要素 (たとえば、記述的な細部) には気づいているが、その観念に伴う気持ちは感じられなくなっている」と定義されている。

感情の隔離は、自我が出来事との距離を取ったり、目をそらしたりする余裕がないほどの強い苦痛を伴う心的外傷となるような出来事に遭遇したときに生じる、とっさに感情を切り捨てるという防衛機制である。情動領域からの情報を一時的に遮断することで、その場で自我が崩壊して完全にコントロールを失う危険から心を守ろうとする。

「感情の隔離」がさらに先鋭化された防衛が「解離」(dissociation) であり、「個人が、意識、記憶、自己または環境についての知覚、または感覚、運動行動の通常は統合されている機能を細分化することによって、情動的葛藤や内的または外的ストレス因子に対処する」(DSM) である。これも心的外傷となるような出来事に遭遇したときに生じる防衛機制であるが、一時的または一定の時間、自我の統合性が失われ、記憶の障害が生じる点が感情の隔離と異なる。解離には、記憶がそこだけ遮断されるという場合と、別の人格が一時的に機能したような状態になる一方でその別の人格が機能している間の記憶が主人格には欠けている場合 (いわゆる多重人格) とがある。防衛機制としての「解離」は、病理として診断される解離よりも幅が広い。

適応的な場合として、健康な人があまりにもつらい出来事のことだけ覚えていないという解離がある。

解離が最初に起きたときには、自我の対処能力を超えたと思われる情緒的に負荷の高い体験を切り離し、自我が崩壊して完全にコントロールを失う危険から心を守るためであり、適応的な働きであったとしても、解離が繰り返される場合は不適応を引き起こす。心を国にたとえれば、内乱が起きて国のあちこちに反乱軍が統治する、政府の統制の範囲が及ばない領域が拡大しつつあるような状態であると言えよう。国全体の秩序の回復のためには反乱軍との対話と統合が必要であるように、治療は失われた記憶を呼び戻したり、別人格との対話をしたりすることによって人格全体の統合をめざすものとなる。[26]

以上、幼児期初期に獲得される防衛をいくつかみてきた。自我機能が発達し、周囲との関係も複雑になるにつれ、人間は幼児期初期からその後の心理的な障害や対人関係の問題につながるような多様な心的なメカニズムを発達させる。それは適応的に働けばストレスの巧みなかわし方の技となるのである。

4　遊戯期

「遊戯期」は、子どもが男女の身体の区別を意識し、性自認（gender identity）を獲得することと、言語による認識能力の発達により、空想することが可能になり、演じること（play）、すなわち、ごっこ遊びができるようになることによって幼児期初期と区分される。この時期はまた三者関係の世界に入る時期でもあり、人の注意や賞賛をめぐる競争を体験する。演劇（play）を物語として享受する楽しみも始まる。この自分についての複雑な認識と時間的な展望が可能になり、内的な世界でさまざまなシミュレーションができるようになることは、文化を超えて人間に共通の発達の様相であると考える。

さまざまな遊びやお話し、日本で言えばアニメ、絵本、映画、ゲームなど子どもに与えられるさまざまなストーリーの中に、社会のエトスがこめられていることはいうまでもないだろう。性役割についてのエトスもストーリーや教育などにより子どもに伝えられる。

エリクソンは、男児には侵入的な様式による遊びが、女児には包含的様式による遊びが見られるということを約一五〇人の一一歳前後の児童に玩具で「テーブルの上に架空の映画の面白い場面を構成する」ことを求めた観察研究に基づいて主張している。[27] エリクソンは同時に、たとえば男の子は塔を、女の子は箱型の部屋を作りがちであるということから、玩具で作られるものの形態と性器の自己認識の関連をも示唆している。これは、興味深い研究ではあるが、そこに見られた男女の行動の志向性の違いにエリクソンの時代の西欧社会のエトスがかなり影を落としている可能性は否めない。さらに、この時代の議論の中に性分化疾患（Disorder of Sex Development: DSD）や性同一性障害（Gender Identity Disorder: GID）[28・29] の子どもは除外されており、精神分析理論の一つの限界がそこにあると思われるが、これについて詳しく論じる素材を持たない。性分化疾患や性同一性障害の子どもの発達については今後の研究を待ちたい。

遊戯期に、想像する能力が獲得されるにしたがって、「愛することと働くこと」、すなわち性愛性と自分の能力を社会のために用いることが、「大人」の理想として子どもの心の中に形作られはじめる。子どもは漠然とした大人への憧れの中で遊びとして競ったり演じたりする。そして人と一緒に遊ぶ中で子どもは自主性や自己主張を身につけるが、一方で打ち負かした相手に対する罪悪感をも体験する。この相手の中には親も含まれることがある。

エリクソンはこの時期の重要な人間関係を家族であるとしているが、これには疑問がある。遊戯期に入ると、家族は確かにまだまだ重要ではあるが、子どもは大人に遊んでもらうだけではなく、子ども集団の中で遊ぶようになり、仲間集団の体験が始まると考えられるからである。臨床の場で出会う人の中には、この時期の集団における外傷体験を語る人も少なくない。同時に傷つきを癒す機能が家族の中に十分でなかったことが語られることも多いが、遊戯期以降の家族は、人が複数所属する集団の中の一つとして心の発達に影響すると位置づけてよいのではないだろうか。[30]

遊戯期になると、他者の視点から自らを見る能力が飛躍的に伸び、また、時間の流れをある程度の幅を持ってとらえることができるようになる。物語を聞き入って楽しむことができるのがその一つの表れだろう。そして、自分はまだ子どもで、できることにかぎりがあることに気づくと同時に、やがては大人になる存在であることもわかるようになる。この時期に獲得する心理的な強さはある程度長期的な目的を持つことである。それは言い換えると価値観を育むことでもあり、超自我が何らかの自我理想を持ちはじめるということである。このような抽象的な言語に支えられた超自我の機能は、人間を他の哺乳類から分かつものの一つであり、このころにミーム（文化的遺伝子）の遺伝子からの引き紐がかなり長くなり、人間は「人間らしく」なっていく。

一方で、この時期に、子どもに自分の力の限界をあまりにも強く体験させてしまうと、子どもは自分から何かをしようとしなくなったり、ありのままの自分を出すことを無意識のうちに抑制してしまったりするようになる。すなわち、懲罰的に自らを断罪する、あるいは侮蔑的に否定的な自己評価をする超自我を持ってしまうのである。かつての男性中心主義的な精神分析学の概念では、このような超自我の否定的評価の取り入れの現象を「去勢」と名づけていた。しかし、たとえば『解縛』[31]に描かれた例のように、これは女性についても多く見られる現象であり、「去勢」という用語は適切とは思えない。

精神分析学における中心的なテーマの一つであるエディプス・コンプレックスが出現するとされるのがこの遊戯期である。したがって、この時期はエディプス期と呼ばれることもある。しかし、筆者は第1章にも述べたが、エディプス・コンプレックスはフロイトが考えるほど普遍的なものではないと考えている。一方で、この時期の性自認、競争、幼児的万能感の縮小、自我理想の形成はある程度普遍的な体験であり、これらは、その後のその人の心の発達にとってきわめて重要な体験となることは確かだろう。すなわち、遊戯期は性別を含む自己についての認識が生まれ、自分の魅力や価値に対する賞賛をめぐって誰かと競争をすることが始まる時期であり、そこでほどよく敗者となる体験をして、自らの限界に直面することが幼児的な万能感を縮小させ、自らの未熟さという現実に直面することが、成長への動機づけとなり、また、自我理想という目標を作ることができれば、いつかなりたい自分に向かって歩む姿勢が身につくのだろう。そして、エディプス・コンプレックスは、このような体験の特殊なバージョンであると考える。父と息子、母と娘はそれぞれ母、父の愛をめぐって競争することは確かに多くみられる現象ではあるが、普遍的なものであるとまでは言えないだろう。

また、子どもが人生の初期には母親と主観的な関係を築き、エディプス期になると父親が客観的な言葉を関係に持ち込む、というラカン派、対象関係論学派で共有されている概念化にも疑問がある。たとえば、ブリトンは、「エディプス三角の像の観点から見ると、分析家が患者の新たな考えを追いそれを豊かにできる間は、分析家は理解ある母親対象とみなされる。分析家が一般的な体験や分析理論から得た自分自身の考えを導入すると、分析家は、患者の最も奥の自己に侵入する父親、あるいは、患者をその主観的な心的文脈から引っ張り出し分析家自身の文脈の中に押し入れる父親と見なされる」と述べる。[32]女性である筆者は、自分が患者からは客観的、第三者的と体験される介入をするときに、自分が父親と見なされていると体験したことはなく、その後の患者の連想を追っていってもそのように見なされているとは考え難い。この時期に第三者の目が重要になることは確かであると思われるが、それをもたらす対象は、父、母、きょうだい、先生、などさまざまである。父親と母親だけによる説明はいかがなものだろうか。言葉の象徴的な意味の利用であると言われるかもしれないが、母＝女性＝包み込み一体化するもの＝より原初的なもの＝受動的なもの、父＝男性＝母子という一体化する二者に侵入し切断するもの＝より理性的なもの＝能動的なもの、という序列を含む二分法には違和感を持つ。

遊戯期に発達する自我の防衛機制として、合理化、愛他主義、昇華、ユーモアがある。次に、これらの防衛機制についてみていこう。

「合理化」(rationalization) は、ラプランシュらによると「真実の動機が自覚されていない態度、行為、思考、感情などに、主体が論理的に一貫性のある説明ないしは道徳的に受容されうる説明を与えようとする過程。とくに問題になるのは、症状、防衛的強迫、反動形成の合理化である。合理化は妄想においても現れ、多かれ少なかれ著しく体系化されるにいたる」と定義される防衛機制である。[33]DSMでは「個人が、誤ってはいるが、安心できるような、また、自分に役立つような説明を作り上げ、自分自身の思考、行為または気持ちの本当の動機を覆い隠すことによって、情動的葛藤や内的または外的ストレス因子に対処する」と定義されている。

防衛の例にイソップ童話の「すっぱいぶどう」があげられる。キツネの負け惜しみの屁理屈が「合理化」

に該当する。遊戯期に言葉を「操る」ことを覚えた子どもは他人を欺くために言葉を操って嘘をついたり媚びたりするだけでなく、無意識に自分を欺く言葉のベールを紡ぎ出してしまう。このやっかいな言葉という代物を手に入れてしまった心弱き人間にとって、他人に対しても自分に対しても嘘のない生き方をするのはなかなか難しい。たとえば、安冨歩[34]が「東大話法」と名づけた話法は、自分の立場を何が何でも守りたい人がしばしば用いる「欺瞞的で傍観者的な」合理化の一つの典型である。

マインドフルネスや禅や森田療法の作業療法（作務）は、言葉を半ば強制的に封じることによって、言葉の煙幕をとりはらう技法と言えるのではないだろうか。精神分析はあくまでも言葉を用いて治療を行うので、クライエントの話に合理化防衛が見られるときには、その背後にある動機を推測して解釈するという方法で言葉の煙幕と直接渡り合う。

合理化は、ＤＳＭによる「誤っている」説明を作るという定義によれば基本的に不適応的な防衛である。しかし、無理が通れば道理引っ込むというように、正しくないものも通ることがあるのが人間の社会である。合理化する人の立場が強かったり主張する姿勢が強引だったりして合理化による誤った理屈が周囲の人によって受け入れられた場合には、客観的に見れば不合理な集団だが、その人はその集団の中では適応できる。独特の論理によりメンバーを縛る破壊的カルト集団や、法治主義を手放して戦争に向かって暴走しつつある時期の日本はそういう集団の典型的な例だろう。ただし、そもそも何が正しいか、合理的なのかということを判断することは人間には不可能だという議論もある。ある集団の中で合理的な行動が外側の別の集団から見れば「合理化」であるということは多い。したがって、治療者は自分とクライエントがそれぞれどのような集団に属しているかを可能なかぎり客観的に俯瞰する視点を忘れないことが肝要である。

「愛他主義」（altruism）は「個人が、献身的に他の人の欲求を満たすことによって、情動的葛藤や内的または外的ストレス因子に対処する。反動形成に時々特徴的にみられる自己犠牲とは違って、個人は身代わりになって、または他の人の反応を通して満足を受ける」（ＤＳＭ）と定義される。

「愛他主義」は、人のために何かをして、何かをしたことで満足することにより、苦痛を忘れる防衛であるとされる。しかし、誰かの世話をしたときには快感物質であるドーパミンの放出に従ってオキシトシンが分泌されることが知られており、[35] 人間は利己的な動物であるという前提に立てば愛他主義は「防衛」であるが、実際には自然な適応行動であるとも言えよう。ただし、他の人が自分の行為により満足したり苦痛がやわらいだりすることが目的ではなく、自分の行為に対する他の人からの感謝や評価を目的にしている場合には、適応的な防衛機制としての「愛他主義」ではなく、「エセ愛他主義 pseudo-altruism」と呼ばれる。エセというのは、本当に他を愛しているのではなく実は自分をより多く愛しているからである。そのことがはたから見てわかる人にはわかって「いやらしい」「いやしい」と嫌悪されることもある。また、エセ愛他主義の防衛を用いている人は、自分が人に尽くして、その「おかえし」すなわち感謝や評価を得られないと、急に不機嫌になり、いじけたり怒ったりする。それが態度や行動に出ると、人間関係が悪化することもある。このように人に疎まれたり欲求不満を攻撃として表したりすることが多いため、エセ愛他主義は不適応をもたらしがちである。ただし、遊戯期にいたる前の幼児期初期の、超自我の発達が未熟な子どもが愛他的な振る舞いをして感謝や評価を期待するのは自然である。幼児期初期の子どもにみられる、人に優しくして感謝を要求するような行為については「エセ愛他主義」とは呼ばない。

エセ愛他主義の防衛を用いるクライエントは、自然な愛他性を発露させる余裕がないほどの自己愛の傷つきを抱えているので、治療においては、それをそっと扱う。すなわち、感謝されない、褒めてくれないと他罰的に怒っているクライエントに同調はしないが直面化もせず、傷ついた自己愛が回復するように育てる心持ちで関わる。

「昇華」(sublimation) について、ラプランシュらは、「見たところ性欲に関係はないが、性欲動の力のなかにその原動力を見出しているような人間の諸活動を説明するために、フロイトが仮説として立てた過程。フロイトは、主に芸術活動と知的研究を昇華の活動として記述した」「攻撃欲動の昇華の可能性については、フロイトは、問題提起をしただけであった」「昇華の概念は精神分析の文献において、ひじょうにしばしば援用される。〔しかし〕一貫した理論がない」と記述している。[36] ＤＳＭ－Ⅳではシンプルに、「衝動に対して社会的に受け入れられる行動にはけ口を求めることによって、情動的葛藤や内的または外的ストレス因子に対処する」と定義している。本書ではＤＳＭ－Ⅳの定義を用いる。

たとえば、性的な衝動を恋愛もののアニメを見ることで満たしたり、攻撃的な衝動を相撲のようなスポーツで発散したりする行動が昇華である。昇華は人間社会の発展を生み出す創造の源泉であり、文化の源泉でもあり、幅広く人間社会を覆う防衛機制である。趣味、芸術、スポーツ、仕事（ハンナ・アレントが、単に生命を維持するための活動を指した「労働」も耐久性のある何かを生み出すとした「仕事」も、自分が何者であるのかを言葉で伝える営みとした「活動」もすべてを含む意味での「仕事」）などの活動はすべてこの防衛機制の成果である。

比較的安定した文明社会の中で幼児期から奨励される、絵を描くこと、音楽を演奏すること、劇をすること、踊ること、運動することなどの活動は、人間が剝き出しの欲望をぶつけあうことなく共に楽しく生活するための基本的なスキルとして、昇華の経路を身につけさせるための教育である。ハルトマンが葛藤外の自我領域と呼んだのは、この昇華の経路が占める領域であると言えるだろう。

昇華という防衛機制は適応の鍵となるものであり、遊戯期の後に抽象的な思考能力、考える力が獲得されると、それが昇華経路の一つとして加わる。病や老い、時には虜囚の身となって明日をも知れぬ立場におかれ、死を予感するときに、その死の恐怖を乗り越える思想や宗教的な信念を与えてくれるのもまた、考える力による昇華であると言えよう。

一方、昇華が昇華となるためには、社会規範を遵守しようとする超自我との協働が不可欠である。攻撃性を犯罪という形で表出してしまい、その後に獄中で考察をする時間を得た人たちの書いたもの[37〜41]には、抽象的な思考能力や社会への考察の能力を備え、昇華経路が十分に発達していたにも関わらず超自我発達の不十分さによって、強いストレスにさらされたときに超自我が機能せず、昇華に失敗してエスの攻撃衝動に自我が従属して行動化してしまった様子がみられる。永山則夫については、以前、安定的な（安心感の持てる）アタッチメント関係を体験できなかったことが幼児的万能感の縮小の失敗につながっていると述べたことがある[42]。幼児的万能感は、超自我が未熟であるために傷ついた自己評価を空想の中で補う防衛機制である。加藤智大と渡辺博史も安心できるアタッチメント関係を体験できなかったことと超自我が未熟な状態にとどまったことに関しては、永山に似た対人関係の歴史を持っているように見える。

もちろん、すべての犯罪が安心なアタッチメント関係の体験の乏しさと超自我の発達不全によるというわけではない[43]。また、永山にしても加藤にしても渡辺にしても、超自我が欠如していたわけではなく未熟だったと思われる。どこかで超自我のスイッチがオフになり、防衛をあきらめたときに犯罪行為へと踏み出したのだろう。いつ、超自我のスイッチが切れたのだろうか。加藤と渡辺は、社会との細いつながりの糸が断たれたと感じたときに、断たれたことへの怒りから犯罪行為に踏み出したという意味のことを述べている。社会とのつながりがなくなったと感じたとき、超自我は存在価値を失ったのだろう。また、二人とも振り返ると自分の目的を達成するための方法として他の選択肢もあったはずなのに見えなくなっていたという。すなわち、自我の現実的な情報処理機能でもある予測機能が麻痺して一時的に攻撃性衝動に従う状態になっていたのだろう。

自我も超自我も共に、社会という対人関係の目に見えない網に支えられて機能している。そしてその網の実質は信頼という、これも目に見えない経験の細かい積み重ねなのではないだろうか。信頼の網の目からこぼれた人には、教育により育てられて備わっているはずの昇華という防衛が機能しないのではないかと思われる。

一方、社会という対人関係の網には価値観の側面もある。個性の表現が社会から受け入れられれば芸術として認められて昇華の機能を果たすが、風紀を乱すものや秩序を脅かすものとみなされる場合には不適応的問題行動となる。どこまでが社会に許容される表現の自由なのかということについては、大人になれば判断する能力も発達することが多いし、また、不当な表現の自由の抑圧であると判断した場合には社会の圧力と戦う選択肢もある。しかし、遊戯期の子どもには昇華の機制を伸ばすためにも表現に対する許容の範囲は広くとりたいものである。

遊戯期に獲得された防衛を概観した。遊戯期の終わりまでには、大人の用いる防衛機制の主だったものはほとんど獲得されている。そして、それらの防衛機制が適応的なものとなるか否かは、周囲との対人関係によるところが大きい。

5　遊戯期の後に獲得される防衛機制、知性化とユーモア

幼児期初期と遊戯期に発達する自我の防衛機制を紹介したが、遊戯期より少し後になって自我が獲得する防衛機制として、アナ・フロイトが提唱した「知性化」とフロイトが言うところの「ユーモア」がある。これらは、今見てきた発達の初期には位置づけられない。なぜならば、フロイトの定義によるユーモアが使えるようになる前提として、抽象的な思考能力と成熟した超自我があると考えられるからである。そして、前述のように、遊戯期より後の発達については社会のあり方により、文化により違いが大きいので一律に論じることはできないが、遊戯期の後、しばらくして抽象的な思考能力がそなわっていった時期のどこかで獲得されることがある、きわめて人間的な防衛機制としてこの二つを紹介しておきたい。

「知性化」(intellectualization) はラプランシュらによるとフロイトの記述にはみられない概念で、アナ・フロイトが防衛機制として提唱したものであり、「主体が、その葛藤と感情を統御しようとして、それらを論理的に捉えて表現しようとする過程」と定義されている。[44] ＤＳＭでは「個人が混乱した気持ちを抑制しまたは小さくするために、抽象的な思考を過度に使用することまたは般化を使用することによって、情動的葛藤や内的または外的ストレス因子に対処する」と定義される。

知性化は、抽象的な思考を用いることで感情と距離を取り、感情を自分と切り離して対象化し、そこに知的な理屈の覆いをかぶせることによって、感情を抑制したり不安をしずめたりする方法である。チンパンジーを超える抽象的な思考能力を獲得した人間にしかない防衛機制の一つである。「考えること」は自我が感情を統制する常套手段の一つであり、さらに、知的な道具を用いることは、賢い自分という自己評価や、葛

藤やストレスを高いところから見下ろす高級な人間になったような気分をもたらす。この防衛機制は、自己観察と共に用いられる場合には適応的だが、感情の隔離、すなわち感情を頭に浮かぶ観念や記憶から切り離す防衛機制とともに用いられる場合には、概念の空回りと自分の問題をわかった気になる空いばりに終わり不適応的なものとなる。

「ユーモア」(humor) は、DSMにおいては「個人が、葛藤またはストレス因子のおもしろい側面または皮肉な側面を強調することによって、情動的葛藤または外的ストレス因子に対処する」と定義される。この定義によるユーモアは、ストレス・コーピングの肯定的解釈と似ており、また、ベルクソンが『笑い』[45]で述べたような、期待をうらぎるずれによる面白さ、という意味でのユーモアならば、小さい子どもでも用いることができる。[46]

しかし、フロイトの描くユーモアはもう少し幅が狭い。フロイト[47]によると、超自我が怯えている自我に向かって「ほら、世界はとても危険に見えるけど実はこんなものなんだよ、子どもの遊びなんだから、茶化してしまえばいいんだよ」と優しく語りかけるのがユーモアである。すなわち、この防衛機制は、物事を少し高いところから見渡せる、余裕のある超自我の助けを借りて自己観察し、そして、卑屈でもなく自嘲的でもなく世界を笑うという心の営みであり、まさに自我と超自我とエスが一体となった強い防衛機制である。そして、発達的には自分を離れたところから見る視点を獲得する、ピアジェの認知発達段階で言えば抽象的操作期以降に到達して初めて身につけることが可能になる防衛機制である。

さらに、ユーモアがユーモアとして適応的な防衛機制であるためには、フロイトの言う「優しさ」が不可欠の要素である。すなわち、ユーモアには達観した高い視点の寛容さがある。その笑いは透明であたたかい。

一方、対象に対する「優しさ」を欠く笑いは、毒を含んだ攻撃的なものになる。毒を含んだ笑いはもはやユーモアとは呼べず、防衛機制ではなく、嘲笑となり、悪意に濁った冷たいものになる。他者に向かう、共感を欠く笑いは、からかい、侮辱、いじめの道具になる。自分に向く、自らを切り捨てる笑いは自嘲、断罪として自滅へと自らを追い込む。ユーモアではない攻撃としての笑いは幼児期初期からみられる。テレビのお笑い番組の笑いはフロイトが言うユーモアではなく、軽く攻撃性を発散させるためのいわゆるガス抜きの笑いであり、もっぱらエスの満足となるものが多い。これに対して、演芸場で演じられる漫才や落語には電波には載せられないような毒もある一方でユーモアのある出し物が多い印象がある。それはお金を払って見にきてくれる客との相互的な関係性に支えられた場だからだろうか。

笑いの中に含まれる優しさの程度はさまざまであり、笑いの質をはたから見て判断することは難しい。笑いは快感を伴い、人をまきこむ力があるからである。そして、他者に対する共感が難しい認知的な特徴を持つ人にはユーモアは通じない。また、信頼関係ができていない場合にもユーモアは成立しない。長年精神分析の実践を積んできた中久喜雅文は、精神力動的精神療法の基礎を語った本[48]の中で初回面接の注意事項として冗談を言わないこと、をあげている。一方、遊びには笑いがつきものであり、治療関係において信頼が醸成され、治療空間が遊べる空間になってくると、自然に笑いが生まれることも多い。

6　老年期の心理学

エリクソンは、晩年にいたるまで発達理論の改訂を続け、晩年には妻のジョウンと協働し、エリクソンの死後にはジョウンが老年期にさらに加筆している。[49]

エリクソンは文化人類学の助けを借りたり、人間の伝記的な研究をしたりするという方法によって時代、社会、文化を超えた普遍的な人間の発達の理論を構築しようとした。その志はフロイトの野心に通じるものがあるが、エリクソンもフロイトも、誰もがそうであるように自らが置かれた時代、社会、文化の制約を完全に逃れることはできなかったようである。しかし、一九九四年に九一歳で没したエリクソンの発達図式は、欧米に似た政治・経済・教育の制度や家族形態を持つ社会である二〇一七年現在の日本でも、ある程度参照可能なものであると感じられる。特に長寿化の進んだ今日、老年期の心理学は重要な領域だと思われるが、老年期の心理的な適応を考えるにあたって、エリクソンの議論は今日もなお、その輝きを失っていないように見える。エリクソンは老年期に達成される心理学的な特性として「統合 integrity」を提唱し、心理学的な強さとして「英知 wisdom」をあげた。八〇歳でも執筆や講演を精力的にこなし、九一歳まで生きたエリック・エリクソンにして初めて達成できた老人による老年期心理学である。

老年期には、身体の全体的な弱化、記憶の減退、社会に貢献する機能の減衰、対人関係の縮小など、生物学的、心理学的、社会的につながりが失われていくことが自らや世界に対する侮蔑に溺れるという危機をもたらす。しかし、洞察する力、多様な声に耳を傾ける力を持つとき、それは英知として老人の心理的な強さとなる。integrity は完全性、誠実性などとも訳されるが、村瀬孝雄と近藤邦夫はこれに「統合」という訳をあてた。[50] 皆川邦直は、integrity とは「自分になりきること」と語っている（2015, personal communication）。エリクソンによると、統合とは、一貫性と全体性の感覚であるという。ジョウン・エリクソンは、エリック・エリクソンの死後に加筆した稿の中で、integrity には語源的に tact、触れることが含まれていることを発見し、多くのものと触れ合うことが統合をもたらすと記している。触れ合う中には過去のつらい記憶もあるだろう。筆者にはまだ十分に触れられない境地だが、映画『野いちご』[51]は統合への旅を美しく描いている。

７　自己同一性

エリクソンの発達理論へのもう一つの大きな貢献は、「自己同一性」という、青年期にいったん確立する「自分は何者なのか」ということをめぐる概念を作り出したことである。自己同一性（self-identity; 日本ではこの概念はかなり人口に膾炙し、「アイデンティティ」と呼ぶことが多い）とは、自分が自分に対して与える定義のようなものである。ただし、繰り返しになるがここで青年期というのは、近代のいわゆる西側先進国の社会におけるそれを指す。

幼いころは環境がほぼ安定していれば、自分が自分であることは空気のようにあたりまえのこととして悩むこともなく生きていることが多い。しかし、やがて周囲の社会の中の一部としての自分を見る視野と、過去と未来に伸びる歴史を持つ存在としての自分をとらえる視野が育ってくると、自分はどういう役割を与えられ、どこから来てどこへ行くのか、という問いが生まれる。人はたえず、その問いに対して仮の答えを出しながら生きていたり、その問いから逃げながら生きていたりする。日本を含む産業化の進んだ高学歴社会においては、青年期において、その問いの模索をするモラトリアム期間、いわば悩む自由が与えられている。その期間の間に、青年はかつて養育者から与えられてきた自分の役割を拒絶したり、逆に養育者の用意したレールにしがみついたり、自分の進むべき道やその後をついていくべきメンター（指導者、助言者）を探すうちに迷子になって混乱したりする。やがて「自分はこう生きてきた、これからはこう生きていくだろう」という過去の歴史と未来の見通しを含む時間軸と、「自分はこの社会の中で他者に対してこういう意味や役割を持つ存在であるようだ」という社会的な位置づけの中で、どうにかまとまりをつけ、安定感と信頼感のある「自分の定義」を摑んだとき、自己同一性が確立される。

エリクソンが紡いだこの「自己同一性確立の物語」は、現代の日本においてどこまで通用するだろうか。政治や経済の不安定さや信頼性の低さによって将来は不透明であり、社会の流動性によって安定感や信頼感のある確固とした自分の位置づけを把握することはかなり困難になっている。就職して数年で離職する人、離婚する人、自殺する人の増加などから、自己同一性が崩れたり拡散したりする危機や、自己同一性の獲得の見込み、希望はないと感じて絶望する危機が蔓延していることがうかがわれる。

しかし、難しいからと言って、自己同一性の確立を求める人間の志向性がなくなったわけではない。臨床の現場からは人とのつながりの手段として自傷する人[52・53]、他者からの承認を失うことを恐れていじめを傍観する人[54]など、自己同一性が摑めない苦しみにもがく多様な姿が浮かび上がってくる。

一九七〇年代の経済が好調だった日本においては、青年期に自己同一性の課題にぶつかったときに「今ここにはないが、いつかどこかで出会える自分らしさ」を探して模索の旅に出て、「役割実験」をしたり、お客様気分で気楽に過ごしたりするモラトリアム青年の姿勢が、社会人にも広がり「社会的性格」になっているとまで言われた[55]。

失われた二〇年を経て不況が続き、中間層が減少した現代の日本においては、漫然としたお客様気分が無力感と共に社会の中に残されているようである[56・57]。もちろん、七〇年代であれ現代であれ、主体的な自己同一性の模索をしながら成長しつつある青年は一定数いるだろう。身近に接する大学生などの中にも、そういう青年が少なからずいる。しかし、ひきこもる人の多さ（内閣府子ども・若者白書によると、二〇一四年の一三歳から三四歳の若年無業者は五六万人である）[58]や、悩めない青年[59・60]の臨床報告からは、主体的に自己同一性を探す力が弱くなっている青年が増えているのではないかと推測される。ただ、ひきこもりの要因にしても葛藤を抱える力すなわち自我の脆弱さの要因にしても複合的であり、社会全体の要因、育てる集団（たとえば家族や学校）の要因、個人の要因などが混在していると考えられる。現代の日本の青年の中でエリクソンの自己同一性の分類でみた場合に、模索している人、拡散している人、早期完了してしまった人、などの分布がどのようになっているかは寡聞にして知らない。ただ、青年期の臨床の現場においては、ひきこもりであれ、対人関係の障害であれ、苦悩する青年を理解し援助するにあたっては依然として自己同一性の視点が道具の一つとして有効である。

2　男性中心主義への批判

精神分析学は他の学問同様、男性の視点から作られたものであるという批判を長年にわたり浴びてきた。古いままの精神分析学に立脚して研究や臨床を続けている人もいるが、批判に応じて変化してきた精神分析学の研究者、臨床家もいる。ここでは、ケアの倫理と女性性の発達という二つの視点からの批判をとりあげ、精神分析理論がどのように批判に応じて修正されてきたかについてみていきたい。

1　男性中心の視点からの脱却その1——ケアの倫理

エリクソンの発達理論を男性中心の視点であるとして厳しく批判した人の一人がキャロル・ギリガンであ

る。ギリガンは、道徳的ジレンマにさいしてどのような意志決定を下すのか、についての男性と女性の比較研究を行い、『もうひとつの声――男女の道徳観のちがいと女性のアイデンティティ』という本にまとめている。[61]

その中で、ギリガンは、男性は道徳の問題を「何が正義にかなうか」という「正義の倫理 ethic of justice」によって、権利や規則の問題としてとらえ、一方女性は「他者のニーズにどのように応答するべきか」という「ケアの倫理 ethic of care」によって、むしろ人間関係における思いやりと責任の問題としてとらえているという見方を示した。ギリガンが主に批判したのは、自らの師でもあった道徳研究の大家、コールバーグの道徳発達論だが、エリクソンに対しても男性を想定した発達論である、と批判している。エリクソンの発達モデルは、最初の段階でこそ、養育者との相互の関係性が重んじられているが、その後は、成人期の親密性の段階にいたるまで、自律、積極性、自立、と他者との分離独立のラインが描かれている。これは、ケアや他者との関係性を一貫して大切にしながら発達していく女性の発達のラインを、標準に達しない低いものとみなす姿勢を表しているというのである。

しかし、ギリガンのケアの倫理を女性と結びつける議論には、女性をケアという役割に固定するという批判がなされている。[62]また、山根純佳[63]は、ギリガンが実証研究で描きだしたのは、ある社会条件のもとでの女性たちの葛藤であり、データ解釈の内容的な妥当性にも一部疑問があると論じている。

確かにケア（思いやり、気遣い）が女性特有のものであるとは言えない。ケアを大切にしている男性も多く、自立や正義を大切にしている女性も多い。男性、女性という枠を超えて、対人関係の発達ラインにおいて自立と同時に他者へのケアの発達ラインを置いて見ていくことによって、精神分析が従来、視野の外においていた性的少数者（lesbian, gay, bisexual, transgender; ＬＧＢＴ、ＤＳＤ、ＧＩＤ）の人の発達も見ていくことが可能になるのではないだろうか。

エリクソンは最晩年に夫婦協働で書いた『ライフサイクル、その完結』の中で、ギリガンの批判にこたえるかのように、希望（hope）や忠誠（fidelity）や世話（care）は、乳児期や青年期や成人期といった主要な段階から現れる人間的な強さあるいは自我の特質である、と述べている。また、エリクソンは文化を超えた概念の普遍性を探るべく、“care”に相当するヒンズー語を紹介している。すなわち、ヒンズー語ではcareにぴったりあてはまる一つの言葉はなく、インドでは「抑制」（restraint）「博愛」（charity）「同情」（compassion）を実践することで成人の任務を果たさなければならないという。エリクソンは、この三つの言葉を日常英語の「慎み深いこと」（to be careful）「面倒を見ること」（to take care of）「気遣うこと」（to care for）にあてはまると述べている。[64]

日本語ではcareは「人を大切にする」という子どものころから教えられるありように該当するだろうか。「世話」という訳語は少し本来の意味を狭めていると思われる。文脈によっては、「保護」と訳すこともあるが、[65]ヒンズー語における言い換えやエリクソンの言葉に沿って考えると、自分よりも相手の人を大切にする、惜しみなく与える形で相手を大切にする、相手の気持ちを大切にする、ということが「ケア」に該当するのではないかと考えられる。ちなみに二〇一三年八月のアメリカのシンクタンク、ピュー・リサーチ・センター（Pew Research Center）の調査によると、「政府には自力で生活できないほどの貧困者を保護する責任がある」という意見に賛成の人の割合をみると、日本は五九パーセントでもっとも低い国の一つであり、先進国の中では最低だった。[66]このデータで見るかぎり日本における広い意味でのケアの精神は比較的乏しい状態にあるようである。日本は内輪、すなわち内集団においてのみケアの精神が生きていることが多いのかもしれない。

また、『ライフサイクル、その完結』においては、世話や生殖性（generativity）や愛は性別を超えた「大人」の人間の営みとして描かれている。たとえば、生殖性は、子孫を生み出すこと（procreativity）、生産性（productivity）、創造性（creativity）を包含するものであり、自己生殖（self-generation）も含めて、新しい存在や新しい観念を生み出す（generate）することであるとされている。[67] エリクソンの世話や生殖性の定義は子孫を産み育てることにとどまらず、広く下の世代を育て、物や仕事を含む多様なものを生み出すことを含んでいる。その意味で、エリクソンは、フロイトが父と母と子という家族内の三角関係をエディプス・コンプレックスとして捉え、その葛藤の再生産として人生を見る枠組みに固執したことを超えた、より広い視座を精神分析学に与えたと言えよう。

2　男性中心の視点からの脱却その2——ペニス羨望の否定

フィリス・タイソンとロバート・タイソンの夫婦は、『精神分析的発達論の統合①②』[68・69]により、多様化した精神分析理論の発達についての理論の統合を試みた。この本は、基本的にはオーソドックスな自我心理学の枠組みに基づきながら、対象関係論さらに自己心理学をも統合した精神分析的発達論の優れた教科書である。主要な心的システムの発達段階の図（表3）は、自我心理学の枠組みを基盤としつつ、対象関係や認知発達にも触れている。エリクソン同様に精神性的発達のラインが残っているのは残念だが、このこだわりは精神分析の伝統なのだろう。ともあれ、タイソン夫妻は、フロイト以来続いてきた精神分析理論における女性の発達についての偏りを修正している。

ペニス羨望はフロイトが女性の発達について論じた異論百出の概念の一つである。まず、フロイトの女性の発達についての仮説を要約して簡単に紹介する。

人間は生まれながらにして両性性（bisexuality）を持っている。女の子は、男女の解剖学的（身体的）な違いに気づくと、自分はペニスがない、欠けた男性である（去勢された存在である）という劣等感、不適切な存在であること、を感じる。そして、ペニス羨望を抱くと同時に、ペニスをくれなかった母親に怒りを感じる。また、ペニスを持たない母親に対して軽蔑を感じる。これらが、当初アタッチメントの対象であった母親から父親にアタッチメント対象を移すことを促す。女の子は、性欲を感じる時期（エディプス期と呼ばれる）になると、父親と同一化して、父親と対抗して母親を守り、愛する姿勢（陰性エディプス・コンプレックス：negative Oedipus complex）を持つ。次に、母親と同一化して、父親と性的な関係を持ち、父の子どもを生みたい（陽性エディプス・コンプレックス：positive Oedipus complex）という願望を持つ。子どもはペニスの代理象徴である。また、ペニス羨望は、性交によってペニスを獲得したい、という望みの形をも取る。同性愛は、両性性の名残である。[70]

このフロイトの原理論には、時代による女性蔑視の文化的・哲学的な影響および、彼自身の母親との未解決の葛藤が影響しているだろうと考えられる。しかし、最近の文献においてもペニス羨望、去勢不安、など、フロイトの影響の濃い議論が散見される。[71]

フロイトの女性の発達理論にもっとも明快な反論を加えたのが、先に紹介した総合的な発達理論の本を著した夫婦のうちの一人であるフィリス・タイソンだった。少し長くなるが彼女の主張を紹介しよう。タイソ

神分析的発達論の統合①』岩崎学術出版社，2005年，38-39頁より）

認知	超自我	性別		自我
		女児	男児	
		性割り当て	性割り当て	
感覚運動的（0－2歳）				社会的微笑
				リビドー的対象
		身体分化	身体分化	
	取り入れと理想の形成			
		一次的女性性	一次的男性性	コミュニケーション
表象的思考				
	対象に従う			
		女性役割同一化	母親への脱同一化	内在化された葛藤
前操作的				
			去勢の恐怖（母親）	信号機能
	取り入れに従う			
一次過程と二次過程が流動的		解剖的没頭	解剖的没頭	
	理想への同一化／取り入れ			
			男性役割同一化	
		性愛的対象の変化		
			去勢の恐怖（父親）	
	罪悪感	対象選択での葛藤		幼児神経症
			対象選択での葛藤	
		性役割の練習	男根的自己愛	生産の喜び
具体的操作	自律的超自我			
一次過程と二次過程の分離				
			退行	
		初潮		
	退行的擬人化		去勢不安	再編成：不安的な情動
形式的操作				
		女性性の再統合		
一次過程と二次過程の間の流動性			自我理想の修正	
	自我理想の修正	対象選択葛藤		
		性的好みの固定	性的好みの固定	自我支配：気分の安定
一次過程と二次過程の分離	権威としての自己			

表3　P. タイソンらによる発達段階の区分（P. タイソン・R. L. タイソン『精

精神性的段階	対象関係			葛藤	情動
		対象	自己		
		互恵性			
			中核自己		社会的微笑
口唇期		対話			
		リビドー的対象	身体自己	発達的葛藤（ひどい発達上の妨害がある場合）	社会的参照
		練習期	心的表象化自己		
肛門期	二者関係				
		再接近期			情動／観念の結合
		リビドー的対象恒常性	自己－恒常性	内在化された葛藤	信号機能
幼児性器期					
		自己愛的			
		エディパル 陽性 陰性	同一性統合		
				幼児神経症	
潜伏期 初期					
		家族ロマンス			
			自己－責任性		
後期					
前青年期		退行	身体自己の変化		
青年期 前期	三者関係			外在化された葛藤	
			身体自己－再統合		
中期		脱理想化			
			同一性危機	再内在化された葛藤	
後期		解放	同一性の安定		

ンは精神分析理論における同性愛についての偏見を退けたという意味でも精神分析理論の領域を少し広げている。タイソンは、一九九四年の論文“Bedrock and beyond”[72]で事例にそって、従来であればペニス羨望によって解釈されたと思われる素材が、いかに母子関係の文脈で解釈可能であるかということを詳細に描き出している。

最初に、タイソンは、ジェンダー（gender）を三つの相互に関連する構成要素である、①ジェンダー同一性、②ジェンダー役割同一性、③性愛パートナー志向性（sexual partner orientation）に分けて考察することを提案している。①ジェンダー同一性、または女性性 femininity、男性性 masculinity の感覚とは、個人同一性、生物学的性別、性愛的な感覚、対人関係的体験、同一視など社会や文化的影響に結びついた広い心理学的な布置を指す。②ジェンダー役割同一性は、ジェンダーに基づいた、意識的および無意識的な他者との相互作用のパターンを指す。③性愛パートナー志向性は、性愛パートナーの性別（異性、同性、両性）を意味している。

タイソンはR・J・ストーラー[73]を参照しながら、性の生物学的な側面を強調する“femaleness and maleness”を、ジェンダー概念である“femininity and masculinity”に置き換えて「女性性」をとらえる。日本語では femaleness と femininity は「女であること」と「女らしさ」のように訳し分けることもあるようだが、「女らしさ」には旧来の女性役割イメージが伴うと考えるため、以下では、femininity を「女性性」、masculinity を「男性性」と訳して記述する。

生物学的な性別とジェンダー同一性の違いは、割り当てられた性別の研究によって実証されている。すなわち、ストーラーは、外性器が見えなかったために、医者から女性に割り当てられ、親から女性として育てられた人は、女性として「中核的同一性」(core identity) を作ることを長年にわたる臨床経験を通じて明らかにした。すなわち、中核的同一性は神経学的な基礎とも関連しているが、主に学習により形成されたものであり、身体の性別（解剖学的特徴、染色体）に付随して先天的に備わっているものではないのである。

このストーラーの見出した中核的なジェンダー同一性は、フロイトが子どもの性的な同一性が両性性に始まるという議論を否定する。フィリス・タイソンは、中核的ジェンダー同一性を一次的女性性 (primary femininity)、一次的男性性 (primary masculinity) と呼んだ。そして、女の子の場合には、解剖学的に性器が体の外部に付属しているのではないために、統合的な全身像のイメージを作りやすく、多くの子どもの場合に最初の養育者は女性であり、女の子にとっては同性であって同一視しやすい、このため、女性としての自己表象を作ることは男性よりも容易であり、一次的女性性はフロイトが想定したのとは逆に、一次的男性性よりも強固なのではないかと論じた。

しかし、タイソンのこの議論は、子育てを担うのが主に女性であるということを前提にしたものである。確かに母乳を与えられるのは女性だけだが、最近は哺乳瓶で授乳する男性も増えている。まして、子どもが身近な大人に同一視して自己表象を作り上げていくことに、女性の養育者と男性の養育者の影響力にそれほど大きな違いがあるのかどうかには疑問がある。したがって、一次的女性性の方が一次的男性性よりも強固であるかどうかは疑わしい。

一方、女の子が解剖学的な性別を認識したときに欠けている身体として認識するということはないだろうという議論はもっともだと思われる。これについてタイソンは、先天的奇形あるいは出産時、新生児期の医学的外傷のために、四肢のいずれかが失われたり、使えなくなったりした、また、一方の目が生まれながらに見えなかった幼児の分析経験をあげている。その子どもたちの自己表象に、使えなかったり失われたりした身体の一部は、包含されていなかった。一方、生後一年から一八カ月まで整形外科的問題のせいで身体の一部や足をギブスのまま過ごした幼児の分析から、ギブスが取り除かれるときに、その子どもたちはギブスを自分の身体の一部だと思っているために、自分の身体の一部をなくしたと思うことが多かったという。これらの例から、子どもの身体自己の表象には、もともとないものは含まれず、ギブスであってもずっとあったものが失われたときに失われたと認識する、ということがわかる。したがって、女の子がもともとなかったペニスを去勢された（失われた）と認識するという主張は妥当ではないというのがタイソンの主張である。

「ペニス羨望」と呼ばれてきた現象は、社会的な性差別が母親の否定的な自己表象との同一化を通じて、あるいは直接的に男性と比較して女性を低く評価する出来事として女性の健康な自己愛を傷つけたことの反映として説明できるだろう。そのような事例はいくつも思い浮かぶ。セクシュアル・ハラスメントという言葉が日本で一般化したのは一九九〇年代であり、それ以前の日本社会では「女は生意気な口をたたくな」「女に何がわかる」「女はバカでかわいい方がいい」などの言説はごくあたりまえだった。近年の日本では女性に対する差別はほんの少し隠される形になったところもあるとはいえ、綿々として続いており、陰に陽に女性であるがゆえに自己愛を傷つけられたと感じる体験をする人は後を絶たない。そして、自分が直接差別されたという経験を意識化しないまでも、女性であることについて否定的な母親との同一化により、男性をうらやましく思う女性や、女性であることに否定的だったり葛藤的だったりする母親が女性である娘を受け入れることができないために母親との同一化が妨げられて、男性に同一化しようとする女性も多い。

一方で男性になりたい、男性がうらやましいという羨望が、解剖学的な差異を去勢されたと感じることに端を発していると考えられる確かな裏づけは見当たらない。たとえば、チェシックが『子どもの心理療法』の中で記述している二例の女の子のペニス羨望は、いずれも兄弟に対するライバル心、嫉妬であり、性的な興奮が伴っている言動であることは了解できるが、彼女たちが身体的に去勢されたと感じていたという根拠は少なくとも記述の中には見当たらない[74]。

フィリス・タイソンは、知性が高く女性としても職業人としても周囲からの評価が高いのに、理由のわからない深い劣等感に悩まされて男性と満足な関係を持つことができない三〇代の専門職の女性クライエントの治療例をあげている。このクライエントは、母親からの厳しい評価により自己評価が低かったが、女性治療者（フィリス・タイソン）の超自我との同一化が生じ、母親を転移した女性治療者からの評価を取り入れて、ようやく自己評価が高くなった。この症例は、たとえば夢で大きな蛇のしっぽを切る場面が出てくるなど、従来ならば女性であるがゆえに「去勢不安」「ペニス羨望」を持つと解釈されるだろうと考えられる素材がみられる。しかし、一方で、このクライエントは女性治療者に髪の毛を撫でられる夢を見たり、女性治療者が死んでその夫とデートを始めるという夢を見たりもしている。この女性の一次的女性性は確かなものであり、女性としての自分を楽しむことができている人だった。治療の中でもっとも実り多かった作業は、クライエントの女性治療者への理想化や敵意、そして母親からの女性として不適切だというメッセージを取り入れて自己批判していることに焦点をあてたことだったという。すなわち、クライエントの女性としての否定的な自己表象は、男性と比較して持つ劣等感ではなく、母親との二者関係の中で生じたものだったと考えられるのである。

タイソンは、フロイト以来、陰性エディプス・コンプレックスとされてきた現象は、対象関係がまだ二者関係で母親が重要な対象である一方で性衝動が発達してきた時期にみられる現象として説明できるという。これに加えて、レズビアンの女性であれば、父親との同一視を前提としなくても、幼少期に母親を性的な対象とすることもあるだろう。性目標と同一視は区別して論じるべきではないだろうか。

また、タイソンはフロイトの両性性の議論について、一次的女性性や一次的男性性が確立した後に、さまざまな周囲の大人あるいはきょうだいなどとの同一化により、両性的になるのではないかとも論じている。すなわち、中核ジェンダー同一性の確立の後に、両親やきょうだいとのさまざまな同一化が起き、gender identity は femininity と masculinity の混合したものになるのであり、この混合が両性的な行動としてみられると主張する。すなわち、フロイトの両性性から性同一性へという仮説とは逆の順序の仮説を提唱している。いずれの仮説が正しいのかを検討した実証研究は寡聞にして知らない。また、中核ジェンダー同一性についても、ＤＳＤやＧＩＤの人が思春期になり、自分のジェンダー同一性に疑いを持ち、今までと反対の性への転換を望むことがあるということから、[75] 幼児期にこれが確立するという主張には疑問がある。ジェンダー同一性の発達についてはＬＧＢＴ、ＤＳＤ、ＧＩＤの人の発達も含めて今後の研究が待たれる。ただ、タイソンがフロイトの女性の発達についての理論の歪みを修正したことが精神分析的な発達理論の発展にとって大きな一歩だったことは確かだろう。

エリクソンとタイソンの議論を中心に精神分析的な発達理論の有用性と限界を見てきた。精神分析的発達理論は、性および家族関係についてのフロイトのこだわりをはずせば、第2章に述べた自我や超自我の発達も含め、人間の発達を理解し、人間の心の働きを理解するのに豊かな視点を提供してくれる。

第4章　心理療法における見立てと精神分析

1　心理療法における二つのモデル

精神分析による人間の見方を人格構造や発達の理論について展望してきた。本章と次の章においては、心理療法において精神分析の理論がどのように役立つか、一方、どのような点に限界を持っているかについて論じる。本章では心理療法の初期に行う「見立て」について考える。

筆者は見立てを心理療法の過程における関わりの中で随時、修正されうるものとして捉えている。この流動的な捉え方は、精神分析学、ユング心理学、クライエント中心療法などに共通している。これらの治療理論では治療過程はしばしば、川の流れや旅、山登りなどに喩えられる。目指すところ、目的地はあるが遠くかすんでいて近づくまでは明確には見えず、そこに至る道筋でどんなことがどこからふりかかってくるかもわからないし、治療者と患者の相互作用の中でも何が起きるかわからない、というあいまいで複雑なモデルである。このモデルを、人間を全体として捉え、関わろうとするという意味で「全人格的な関わりモデル」

と呼ぼう。この全人格的な関わりモデルの中には、森田療法や内観療法も含まれる。

かたや認知行動療法や行動療法などのように、客観的で実証可能性を重んじる立場から、早期に目標を明確に設定し、焦点をしぼってそれに取り組んでいく、整備された体育館で明確なルールとゴールを持って実施されるスポーツのような治療法を「行動理論モデル」と呼ぼう。行動理論モデルは、明確で客観的なエビデンスを出すため、成果主義の現代の日本やアメリカでは人口に膾炙しているようである。ただし、最近では二つのモデルを統合する方向でスキーマ療法なども開発されている。

筆者が臨床家として受けてきた訓練は、基本的に人間を過去、現在、将来にわたる全体的なものとしてとらえ、関わろうとする、全人格的な関わりモデルの治療法の訓練だった。ちなみに、将来を含むというのは、クライエントはこれからの自分についてどのような人生を思い描いて生きているのだろうか、思い描くことになりそうだろうか、ということに思いを馳せる自己同一性の視点を意味している。一方で、臨床現場でさまざまなクライエントのニーズに応えようとする中で、自然に短期的で明確な目的を持った関わりをする機会も数多くあった。そして、認知行動療法に出会ったときには、試行錯誤で行ってきたことと部分的に重なっていたり、システマティックな技法の体系に学ぶべきものがあったりして、興味深く感じたところもある。しかし、筆者の中の主要なミーム（文化的遺伝子）は全人格的な関わりモデルの心理療法であり、エビデンスを重んじる行動理論モデルの心理療法ではない。本書では、そのような筆者の心理療法家としての生い立ちを背景に心理療法について論じている。

2　クライエントにとって信頼できる治療者
――クライエント中心療法とアタッチメント理論の視点から

治療は人と人の出会いに始まる。人は人に会ったとき、最初に直観的に相手がどんな人なのかということをさまざまな手がかりからおしはかり、その後の関係の方向性をひとまず決める。言い換えると相手について「見立て」る。面接は英語ではinterviewであり、相互に相手を見る営みである。治療者によるクライエントの見立ても重要だが、クライエントも治療者を見立てている。治療関係の初期は、関係の土台を形成するきわめて重要な時期である。クライエントによる治療者の見立ては、おおまかにいえば、人間として信頼できる人であるか、そしてクライエントを理解することができる人であるか、という二点によると言えよう。そして、精神分析学は後者については今までの章で見てきたように、細かく複雑な枠組みを練り上げたり改訂したりと努力しているが、前者についてはあまり語ってこなかった。

人間として信頼できる人であるとクライエントが感じるような治療者になるためには、どうすればいいのだろうか。これについて真っ向から取り組み、語ったのはカール・ロジャーズである。ロジャーズが語った人格変化をもたらす治療者の態度条件である、「真実、受容、共感的理解」を深く理解し、身につける努力をすることは、クライエントに信頼される治療者になるための大前提である。この治療者としてめざすべき三つの態度については他でも論じたことがあるが[1]、学派を超えた性質を持つという意味で普遍的な、治療者が持つべき目標であると考える。学派を超えているというのは言い過ぎだろうと言われるかもしれないが、筆者の見るかぎりではどの治療学派の理論も、この基本的な三つの態度のいずれか、またはすべてを否定する要素は持っていないようである。

ただし、これらの目標を完全に達成することは不可能であり、瞬間的にほぼ達成されることがあっても、その状態を持続することはどんなに経験を積んだ優れた治療者であっても困難だろう。修行を積んだ高徳の宗教者ならいざ知らず、心の濁りを抱えた普通の人間である治療者は自分の心に偽りなく「真実」でいることも、また、無条件に目の前の人を心から受け入れることも、相手の身になって相手の気持ちをそのまま理解することも、なかなか完全にはできるものではない。一方、心理療法の躓きがあったときにじっくりと治療者としてのありさまを振り返ると、必ずどこかに、この目指すべき態度から大きく外れていたところが見つかるものである。すなわち、この、ロジャーズが論じた治療者としての三つの態度は包括的で大きな概念であり、クライエントから信頼される人となるための心得のようなものと言えるだろうか。

次に、人間として信頼できる治療者だとクライエントが感じるのは、クライエントが治療者を安心できるアタッチメント関係が持てそうだと感じるときだろう。共感的な応答性に裏づけられ、ほどよい距離調節機能を備え、安心感をもたらすアタッチメント関係は、心理療法にかぎらずあらゆる援助的な関係の土台である。アタッチメント・システムは人間を含む動物全般に本能として備わっているものである。したがって、この共感的な応答性も、身体全体で体験される相手との関わりとそこから生まれる相手を育て、守る方向の反応であると言えよう。心から人を信頼する、というのは、身体レベルも含んで安心感のあるアタッチメント関係を体験したときに感じる信頼感を指すと言えよう。

クライエントが治療を続けるのは、治療者との関係において何か得られるものがあると感じているからである。その得られるものの第一は、何かの問題を解決したいとか自分のこういうところを治したい、などの治療目標として意識的に共有されるものである。しかし、これと平行して無意識に関係の中で得られる安心と信頼の感覚、すなわち安心なアタッチメント関係もクライエントが治療関係から得るものとして存在していると考えられる。

ただし、クライエントが治療を続ける動機の中に、自分の心の傷つきから目をそらすために、自分に都合のいいストーリーを信じて乗ってくれる治療者を使いたい、という動機が意識的あるいは無意識的に含まれている場合もある。また、司法の裁きから身を守るとか、離婚、親権の交渉を有利にするなど、現実的な目的が隠された動機として存在する場合もある。また、そこまで現実的な目的をあからさまに持っているわけではなくても、人間の心は揺れやすいため、治療動機も揺れて嘘が入ってくることはある。治療者は「真実」であることを努力する義務があるが、クライエントにはその義務はなく、自分を自由に表現する権利がある。したがって、関係が浅いうちにはクライエントが多少のごまかし、真実ではないことを混ぜて表現することも、ままあるものである。

しかし、関係が続く中でいつまでもクライエントが心を開かず、真実が語られないままであるときには、「真実」であろうとしている治療者の中に違和感、もやもやした感じや引っかかりが生まれるものである。この、自分の中のどこかに生まれる違和感を捨てず、もみ消さずに持ちつづけ、かつ、安心なアタッチメント関係を築こうと治療者が努力することが大切である。たとえクライエントが嘘をついていても、安心で信頼できる関係を築こうと努力する治療者の姿勢が保たれ、その姿勢がクライエントに伝わっていくならば、やがてクライエントとの間に安心なアタッチメント関係が成立し、そこで徐々に心理療法の過程が始まるここともある。

残念ながら、クライエントが純粋に治療者を利用したいと思っているだけで、自分の問題に取り組む気がなく、利用価値がないと判断して離れていくこともあるが、それはクライエントの選択である。反社会性パーソナリティ障害の人、サイコパスの要素が強いクライエントの場合には、そういう選択がなされることが多いと思われる。

安心なアタッチメント関係は、第2章で述べたように、自我が苦痛を感じたときに逃げ込める安全な避難場所であり、新たな経験に挑戦するときの安心感を供給する基地である。これは「治療同盟」の中の、治療目標の合意形成の前提となる信頼関係を指すという意味で基礎的な部分である。また、安心なアタッチメント関係は、ロジャーズが述べた治療者の態度の三条件と重なる部分も多い。ただ、治療者とクライエントの関係が大切なことは誰もが知っているが、それをどう作り上げていけばよいのかということについてはあまり語られてこなかった。アタッチメント理論は、何がそういう関係を築くための鍵になるかを、より具体的に示唆している。

安心なアタッチメント関係を築くためにまず必要なのは、アタッチメント対象（治療関係においては治療者）の共感的な応答である。精神分析の中立性がこの共感的応答すらしない冷たい鏡のようなものであるという誤解が今でも見られることがあるのは残念なことである。良質なアタッチメントを愛情と同義とみなす誤解から、精神分析の中立性と相いれない、と考えている人もいるかもしれない。しかし、共感的な応答というのは、寄り添って暖かい言葉をかけるということではない。もちろん、そういう形を取る場合もあるが、淡々と理解を伝える形や、黙ってうなずくだけの形もある。治療者がクライエントに対して単なる知的な理解ではなくクライエントの感情を治療者自身の感情を使って受けとめていることが、何らかの形でクライエントに伝われば、それが共感的な応答である。同時に、治療者がクライエントを大切にしようとする姿勢で自分の心の中にできるかぎり広い空間を作り、クライエントをわかろうと誠実に努めている姿勢がクライエントに伝わることも起きる。治療者の共感的な応答をクライエントに伝えようとする伝え方は治療者により、治療者が寄って立つ治療理論により、そしてクライエントに対する見立てにより、さまざまに異なる形になるだろう。心理療法の時間の中のどのタイミングで伝えるかもさまざまである。最後にポツリと伝える場合もあれば、早い段階から熱心に伝えようとする場合もある。そして、治療者の共感的な応答をする姿勢、心をこめて聴いている姿勢は、身体から身体へ、無意識のうちにクライエントに伝わるものである。

次に安心なアタッチメント関係を築くために必要なことは、相互の関係における接近と回避について、治療者とクライエントの双方の得手不得手に応じて、関わりの距離を調節することである。言い換えると、アタッチメント・スタイルについての見立てをすることである。治療者のアタッチメント・スタイルの実態調査をしたわけではないので、一般人口を対象とした研究の概観[2]や日本におけるアタッチメントの面接の経験からの推測だが、治療者のほぼ半数は安心型のアタッチメント・スタイルだろうと推測される。

安心型であることは、日常生活の中に、一カ月に一回以上の親密な交流があり、何かあったときにどんなに恥ずかしいことでもみじめなことでもすべてを打ち明け、心から頼りにできる人、そして半年以上、心を打ち明ける親密な関係が続いている人、すなわち安心なアタッチメント対象が二人以上いることが目安となる。安心型の治療者は、人との関係が、人間に対する恐れ、怒り、依存などによって著しく障害されることはなく、また、人との関わりの距離の調節を適切にする能力を持っているので特に意識的に相手との関係の持ち方を調整する必要はない。

一方、治療者のうち、ほぼ半数の人は、非安心型のアタッチメント・スタイルであると推測される。非安心型の人は、人間関係において恐れや怒りや依存性によって安心なアタッチメント関係を作ることが少々、あるいは非常に、妨げられるために、親しく頼りにできる安心なアタッチメント対象は一人以下である。安心なアタッチメント関係を作ることが苦手な「非安心」型の治療者は、距離をとりすぎたり、近づきすぎたりする特徴があるため、それを多少意識することでクライエントとの間に安心なアタッチメント関係を築くことができるように工夫する必要がある。以下、非安心型のアタッチメント・スタイルの下位分類である型ごとに簡単に距離の調節について述べる。

人との関係の中で傷ついた経験があり、人に対して恐れの感情があって近づくのが怖いと感じている「恐れ型」のアタッチメント・スタイルの治療者の場合には、強くて攻撃的なクライエントや急に接近して甘えてくるようなクライエントが苦手で、逃げたくなり、距離を取りすぎる傾向がある。攻撃的なクライエントに対して尻尾を巻いて逃げれば専門家として機能できないだろう。甘えが強く見捨てられ不安が強いクライエントの場合には、距離を取りすぎることは不安を高めるだろう。したがって、人に対して怖いと感じやすく、すぐに距離を取りたくなる治療者は、自分の中の「恐れ」を恐れないで自覚することが踏みとどまるために必要である。

恐れを恐れているうちは、怖がっている自分を見ないようにするために、かえって手を替え品を替え、逃げてしまう。第3章に述べた防衛機制をさまざまに発揮するのである。たとえば、クライエントが傷つくことは避けなくてはいけないから、と自分の傷つくことへの恐れをクライエントに投影して、クライエントのよくわからない行動の意味を質問しないという形で逃げる人もいる。また、「相手の自主性を重んじるために相手から話すことしか扱わない」という合理化によって、明らかに主訴の重要な背景となっているような、クライエントのライフイベントの内容に触れようとしない人もいる。これらは、治療者としての機能を損なう防衛である。自分の中の恐れを恐れず、そこに向き合うことによって心持ち「恐れ」を抑え、近いところに踏みとどまり、治療者として必要な踏み込みができるようになる。

また、恐れ型のアタッチメント・スタイルの治療者は、自分と同じ恐れ型のクライエントに会うと、お互いに慎重さに慎重さを重ねて関係を作っていく。このような関係の作り方は安全ではあるが、クライエントの問題の核心に触れることがかなり遅くなることもある。条件が許すならばそれはそれで一つの調和的な治療のあり方であると言えるかもしれないが、歩みがあまりにも緩慢になりすぎるようであれば、治療者の方から少しクライエントへの接近の歩を大きくすることも必要だろう。

また、「恐れ型」の治療者の中には、箱庭療法や絵画療法などの道具や、構造化された認知行動療法や心理ゲームなどの技法をクライエントとの間に置くことによって距離を取っている人もいる。道具や技法を適切に用いて効果がある場合にはよい方法かもしれない。しかし、その場合であっても、自分の中の恐れを自覚しているか否かによって、治療者としての機能の程度は異なる。

「恐れ型」の治療者は人の否定的な動きを敏感にとらえる優れた能力を持っている。傷つきやすさ、傷つけられることへの恐れを自覚しつつ、何らかの形でほどよく防衛する術を身につけることでその能力を発揮することができる。安心なスーパービジョンの場を持つことも恐れを持ちつつ治療者として機能するための支えになる。

次に、自己信頼が高く、人と親しい関係を持ちたい欲求が低く、自分の思い通りにならない人に対して怒りを持ちやすい「怒り－拒否型」のアタッチメント・スタイルの人は、恐れ型とは別の意味で人と距離を取りすぎる傾向がある。特に、自分と自己信頼の程度がかけ離れて低いクライエントに出会ったときには、心の距離が遠く安心な関係が十分に築けていないままに、クライエントの上に立つ姿勢になって、権威主義的になったり、支配的になったり、指示的になったりして、クライエントの自律性を育て損なう危険がある。このような場合には意識的に自分の中の判断する機能を少し抑え、やわらかな心持ちでクライエントに向かい合うようにする必要がある。すなわち思考よりも感情を動かし、クライエントとの安心な関係を作るべく気持ちを近づけようとするのである。

一方、自分と同じ「怒り－拒否型」で、かつ、自己評価がお互いにある程度高いクライエントと治療者の組み合わせが出会うと、心の距離がお互いに遠い上に競争関係になり、あっという間に関係が切れてしまう、あるいは主導権争いのような関係になって、治療としては非生産的な関係になる危険もある。このような場合には、自分の思い通りにしたいという欲求と怒りを意識的に鎮めつつ、少し頭を低くして近づく努力が必要になるだろう。精神分析的な見立てでクライエントがエディプス期にあり、生き生きと競争することが発達課題であると考えられる場合に健康な競争関係をプレイフルに体験することは治療的である。このエディパルな闘いと、怒り－拒否型どうしの競争の違いは見分けが難しいが、「闘い」が遊びの要素を含む余裕を持ったものであれば後者であると言えよう。自分自身がエディパルな段階に課題を残している治療者は、クライエントに自分の課題を投影して闘いを好む傾向があるので、要注意である。

また、怒り－拒否型の治療者は自立していることを高く評価しているため、依存性が高いクライエントが急に近づいてくると苛立ちを感じて突き放したくなる傾向がある。依存性が高いクライエントは、突き放されると、しがみつきが激化したり、見捨てられたと感じて傷ついたりする。したがって、怒り－拒否型の治療者が依存的なクライエントと出会ったときは、距離を取っておきたい自分の傾向を自覚しつつ、急に突き放すのではなく、また、そっぽを向いてしまうことなく、向き合いつつおだやかにほどよい距離を模索することを心がけることが必要である。そうは言っても、この怒り－拒否型の治療者は、つい突き放したり、怒ったりしがちである。そのような自分の言動でクライエントが遠くに放り出されたように感じていたり、叱られたように萎縮していたりしていることに気づいたら、悪意や敵意があるわけではないことやクライエントを助けたいと望んでいることを改めて伝えて、歩み寄ることで関係を修復し維持することができる。治療関係の中では意地を張らないように心がけることが治療者としての機能を保つために必要である。怒り－拒否型の人は苦しいことにぶつかったときに歯を食いしばってそれに立ち向かう根性、負けん気の強さがある。クライエントの治療者に対する「怖い人」であるという印象は、怒りや突き放しによる関係の危機を越えると、やがて、「頼りになる強い人」という感じに変化していく。

怒り－拒否型と同じように自己信頼が高く、人と親しくなりたいという欲求が低く、人と距離をとるが、あまり攻撃性が高くない、「引っ込み型」のアタッチメント・スタイルの治療者もいる。引っ込み型のアタッチメント・スタイルの治療者は、クライエントが恐れや怒りや不安などによって治療者と距離をとる動きをしたときに、あっさりと引っ込んでしまう傾向がある。「来るものは拒まず、去る者は追わず」と言いたいところだが、来るものをも引っ込むことによって拒んでいるスタイルである。クライエントが離れていく後を追わないのは、治療者が自分自身も自立しており、相手の自立を重んじる姿勢による。しかし、距離が離れていくまま放置することにより、クライエントの、人に近づくことへの葛藤は扱われないままになる。したがって、治療者として機能するためには、少し意識的に遠ざかる人の後を追うように心がけることが必要である。

また、この型の治療者は、依存的な人に対しても怒り－拒否型のようにイライラまではしないとしても、内心うんざりしてさりげなく身を引きたくなる傾向がある。淡白な薄い関係は、恐れ型のような人には安心だが、親密な関係への希求が強いとらわれ型のクライエントの場合には、物足りなかったり寂しかったりする。少々暑苦しい感じを我慢してクライエントとほどよい距離で向き合いつづける必要がある。

アタッチメント・スタイルが引っ込み型の人と怒り－拒否型の治療者の攻撃性の違いは、自己評価の違いでもある。引っ込み型の人は自己評価が安定して高いので、あまり攻撃的にならない。そして自己信頼が高く、苦境に対してめげない強さがある。したがって、クライエントが背中を向けはじめたときに肩をたたくくらいのつもりで少し自分から積極的に働きかける努力をして関係を作っていけば、怒り－拒否型の治療者と同様に、クライエントにとっては頼りになる強さを持った治療者として信頼されるようになることが多い。

最後に自分一人の力で何かをすることについて少しあるいは大いに自信がなく、人に頼りたい、寂しがり屋の、「とらわれ型」のアタッチメント・スタイルの治療者の場合は、人との距離が近くなりすぎる傾向があるので、全体に、少し近づくペースを落とす必要がある。とらわれ型の治療者は怒り－拒否型のクライエントとの間では、自分の近づきたい欲求を拒否されたと感じて傷つくか、怒りを感じるか、不安になるか、いずれにしても葛藤的な体験をする可能性が高い。葛藤が生まれたときに、早い段階で自分が近づきすぎたためなのではないかということを考え、少し距離を取ってみることによって関係が落ち着くことがある。一方、引っ込み型や恐れ型のクライエントは、近づかれることへの忌避感や恐れの感じをあまり表現しないままに引っ込んだり逃げたりすることが起きることも多い。距離を近づけられることに対する戸惑い、嫌悪、怯えなどを捉える網を張っておくことが必要である。とらわれ型の治療者は自己評価を他者からの評価に依存しているところがあり、回避的なクライエントからの距離を取る動きによって自己評価が傷ついて、いじけたり、落ち込んだりすることが生じることもある。自分の傷つきやすさを自覚し、クライエントに「報復」しないように留意する必要がある。

そして、とらわれ型の治療者が特に注意しなくてはいけないのは、自分と似たアタッチメント・スタイル、すなわちとらわれ型のクライエントに出会ったときである。お互いに急に接近し、相互依存関係にはまり込みつつ、いい関係を築いていると思いこむことが多いからである。治療者は自分の私生活で一定の幸福と満足を得て、クライエントを欲望の対象としてはならないということはよく耳にする教訓だが、特にとらわれ型の人は心に留めておくべきことであると言えよう。

この四つの非安心型のアタッチメント・スタイルは時に「二重型」として二つの型の特徴が混じっている治療者もいる。距離を近づけたくて仕方がないときと、近づくのが怖いとか嫌だという時期が混在しているような治療者である。二重型の治療者についても原理は同じである。自分のモードをモニターし、無性に近づきたいとき、遠ざかっていたいときに、それぞれ逆方向に自分を少し押す努力をすることにより、クライエントとの安心なアタッチメント関係を築きやすくなる。ただし、二重型のアタッチメント・スタイルを持つ人は、いわば矛盾を抱えている人であり、自分自身も、その人が関わるクライエントにも混乱をきたす可能性が高い。トレーニング・アナリシス（日本では教育分析と呼ぶことが多い）などによって自分の中の矛盾や混乱を早期にときほぐしておくことで、クライエントとの信頼関係を築きやすくなるだろう。

以上のように、治療者が自分のアタッチメント・スタイルの特徴を踏まえてクライエントとの距離を調節することができると、クライエントは治療者を信頼し、安心して関係に身をゆだね、自分の問題に取り組むことができるようになるだろう。心理療法を学ぶとき、ここに論じたような治療者の特徴は、スーパービジョンの中で少しずつ理解されていくことが多いが、アタッチメント・スタイルとして捉えることによって自分についての見立てを持っておくことも治療初期の関係作りにおいて有用である。

ただ、クライエントが治療者に対して信頼できる、安心できる、と感じるかどうかについては、治療者の努力の外にある要因が働くことも多い。たとえば、人種、性別、年齢、文化、社会的地位など、クライエントが得た治療者に対する情報により信頼や安心感が左右されることもある。クライエントから、筆者が出会う前の治療者について話を聞く機会も多いが、「なんとなくあわない感じがした」「なんとなく冷たい感じがした」などの漠然とした直観的な判断によって治療関係から早々に離れることもあるようである。

3 クライエント個人が抱える問題の見立てと精神分析

クライエントを理解できるかどうかということについても、個人的な能力の限界など治療者には動かしがたい要因があることも確かである。しかし、クライエントを適確に理解することは治療者の仕事の中核的な要素であり、この人はわかってくれそうだ、とクライエントが思わなければ治療は始まらない。クライエントを理解することは治療の出発点であり目的地でもある。心理療法の初期における治療者の「見立て」が重要なゆえんである。同時に、治療者はクライエントをより深くより確かに理解しようとする姿勢を最後まで持ちつづけるべきであるという意味で、「見立て」は常に修正に対してひらかれているべきものだろうと思う。

治療者が行うクライエントの見立てには、大きく分けて、クライエント個人の見立てとクライエントを取り巻く環境についての見立てがある。精神分析学の知見や精神分析的精神療法は、特にクライエント個人を見立てる際に有用である。一方、クライエントを取り巻く環境については、精神分析には家族についてのまなざしはあるものの、逆に家族にこだわりすぎるという限界があり、また、より広い社会的文脈についての視点はいささか弱いという限界がある。すなわち、精神分析は学ぶべきだが、精神分析だけ学んでいたのでは心理療法家としては不十分である、と言えよう。

個人を理解する見立ての道具として精神分析がどのように役立つのかを見ていこう。

まず、精神分析の人格構造論について学ぶことが、クライエントという一人の人間を立体的に理解するために役立つ。医者ではない専門家である心理士や福祉士が心の問題を抱える人に関わるときには医療的な介入の必要性を見極めるために、「診断」の知識もある程度必要であるが、同時に、クライエント個人の見立てとして、その人の対人関係能力、問題への対処能力などの見立てが必要であり、その見立てにおいて、精神分析的な人格理論、自我の力、防衛機制、衝動性についての見方が強力な道具になる。

たとえば、これはナンシー・マックウィリアムズの著書『パーソナリティ障害の診断と治療』[3]に詳しいが、パーソナリティ障害と思しき人に出会って、理解しどのように関わっていくかを判断するときには、行動や状態の記述を並列したＤＳＭよりも、防衛機制についての精神分析的な見方の方が役に立つものである。たとえば、境界性パーソナリティ障害の人について、ＤＳＭが改版を重ねてＤＳＭ－Ｖになり、かなり詳細な記述があるとはいっても、投影同一化という防衛機制についての知識がなければ、特に経験の浅い治療者は深く同情しすぎたり、逆に嫌悪感をつのらせたりして、クライエントの病理的な対人関係にまきこまれてしまう危険が高い。

また、先述のアタッチメント・スタイルについての見立てにおいても同様である。たとえば、一見にこやかで柔らかい印象のクライエントと会うと、人に対して安心感をある程度持てる人、安心感のあるアタッチメント関係を築くことができる人なのだろうと見立てるかもしれない。しかし、実際の行動についての語りを聞いていくと、人と心を開いた関係を持たないでいることが見えてきたときに、反動形成という防衛機制についての知識がなければ、実は安心できるアタッチメント関係を築くことの妨げとなる何か（恐れや怒りなど）を持ち、人との距離を大きく取っておきたい人であることを見過ごしてしまう可能性がある。そして、不用意に距離を縮めてしまい、面接が突然中断してもその理由がわからないままになるということも起きるだろう。防衛機制についての理解は、適応的に作られた表の顔とは少し異なる実際のクライエントの感情、認知、対人関係などを理解するために不可欠なものである。

ただ、経験を積んでいけば、「防衛機制」についての知識がなくても「知恵」としてそれを学ぶということもあるし、人間観察の得意な人は心理療法の専門家でなくても、自然にそういう人の裏を読む、奥を見るということができているし、優れた小説を読んだり映画を見たりすれば実感されるところではある。しかし、精神分析の中で蓄積された心の道具立てとしての防衛機制やそれによって生じる人間の表と裏の違いを学ぶことは、より早く的確な見立てができるための着実な方法の一つである。

次に、治療者個人の価値観という、微妙な領域であるためにあまり表立って論じられないが、実際には治療者とクライエントの関係の形成に大きな影響を及ぼしている要因がある。臨床家として歩み始めた治療者は、多様なクライエントに実際に出会う経験をしはじめたとき、あるいは、出会う訓練をしているときに、しばしば自分の「偏見」にぶつかって罪悪感を持って萎縮したり、生きる世界が違いすぎると驚愕したりして、自分の「共感能力」が低いのではないかと自信を失いかけることがある。想像力では補いきれない個人が持つ価値観の限界にぶつかるのである。

また、経験を積んだ治療者であっても、クライエントに最初に会ったとき、直感的に相手が「ちゃんとした」「まともな」人か否か、「心がまっすぐな」「心が綺麗な」人か否か、ということを感じ取り、判断し、それに無意識に反応した姿勢や態度を取っているものである。そして、その判断には治療者の価値観が入り込み、多少なりともそこに感情的な好ましさ、嫌悪、などがからんでいる。もちろん、クライエントから治療者に対しても同様の判断が暗黙のうちに下されているだろう。また、クライエントは、治療者が自分に対して、専門家としてどれくらい、中立的に公平に、自分のありのままの姿を見ようとする人かどうかについての判断もしている。クライエントがそれを意識していてもいなくても、治療者の個人的な価値観の影響を皆無にすることは不可能であるにせよ、できるだけ小さくするように努力することが専門家の専門性の柱の一つである。

治療者が個人として価値観という要因の影響を小さくするときに、精神分析の「超自我」という概念が役に立つ。「超自我」の視点をアセスメントに加えることにより、治療者とクライエント双方の価値観を相対化しつつ見立てをすることが可能になるのである。

治療者とクライエントがほぼ類似の社会的な価値観を持っているときには、価値観は特に問題にならないことも多い。お互いに話のわかる信頼できる相手であると感じて安心して関係を始めるだろう。しかし、治療者がクライエントに対して「まともではない」「心が歪んでいる」「その考え方はおかしい」というような否定的な感情を帯びた判断を反射的にしてしまうときには、それが高じると逆転移感情として治療関係の安全感を脅かすものになる危険がある。時には「正しい」治療者がクライエントを「矯正する」という姿勢になることすらある。クライエント中心療法の言葉で言えば、治療者はクライエントに対して無条件の肯定的な関心を持つことができなくなり、共感が妨げられる。

このとき、超自我という視点からクライエントの見立てをすること、すなわち、クライエントの超自我が誰の超自我に影響を受け、どのような発達段階にあるのか、ということをアセスメントすることが、治療者が無意識のうちに持つクライエントに対する断罪や嫌悪感などを意識の舞台に上げて相対化し落ち着いて考えることを可能にする。超自我という枠組みを通して眺めることによって、クライエントにとって「正しいこと」と自分にとっての「正しいこと」を分けて並べることができ、クライエントをあるがままの姿で理解する可能性が高くなるのである。

たとえば、人種差別的な発言を繰り返してはばからないクライエントがいたとする。その人の親がそういう価値観を持っていて、クライエントが親の超自我を取り入れたままの状態でいることを理解すれば、差別に対して批判的な価値観を持つ治療者であっても、クライエントの差別的な言辞に対する怒りや嫌悪感を横に置いて、言葉の背後にあるクライエントの自信のなさからくる怯えを感じ取ることができるようになるかもしれない。

そして、蛇足ながら、治療者はなるべく自分の価値観を相対化できるように、生活の中で視野を広げる努力もしておくべきであると考える。世の中が比較的安定していた時代には、治療者も心理学の勉強と趣味の世界だけに生きて、世界の中で何が起きているかも知らない生き方でもそれなりに味わいのある仕事ができた。しかし、残念ながら、世の中のさまざまなシステムが液状化現象を起こしているような現代の日本においては、身の回りの世界だけを見ている生き方では、臨床家としてできることの幅がかなり狭くなるだろう。

次に、クライエントの発達段階が最大限にはどこまで発達しており、現在はどこに退行しているのか、という精神分析的な発達の見立ては、クライエントの潜在的な可能性をつかむ上で役立つ。チェシックの『子どもの心理療法』[4]には発達段階を適切に見立て、それに即した介入を行うことで子どもが発達していく様子が描かれている。

エンパワメントという概念が流行しているが、じっくりと見立てることなく粗い使い方でエンパワーしようとする実践も散見される。すなわち、やみくもにクライエントの「強さ」を信じて励まして無理なプレッシャーをかけてクライエントが息切れしてしまったり、クライエントが治療者のペースについていけないと感じて治療が中断してしまったりする例がある。また、エンパワーしようとする治療者の健康な自信に対して、妬ましさや劣等感を感じて素直になれなくなるクライエントもいるようである。

また、今後は高齢者のクライエントも増えてくるだろうと思われるが、長い発達の歴史の中でその人が今どこに退行しているのかを見極めるためにも分析的な発達の視点は有用である。自分がいかに知識を豊富に持っているかをアピールする高齢のクライエントがいたとする。その人が、エディプス的な競争モードにいるのか、あるいは成人期的な生殖性を活性化させているのか、どう見立てるかにより、治療者の対応も変わってくる。前者であると見立てれば治療者は少し突っ張って負けない顔を見せるかもしれない。しかし、後者と見立てれば少し神妙に拝聴の姿勢をとるかもしれない。

また、先に述べた超自我の発達という点では高齢者であっても発達段階が低い人もいれば、当然、治療者よりもはるかに高い段階の人もいる。クライエントとの関係において専門家として道具を使って治療を施す、という姿勢ではなく、一人の人間として全身でクライエントと向き合う関わりをしている場合には、おのずと自分より高い超自我、高い発達段階の人に対してはこうべを垂れて向き合う姿勢が生まれるだろう。精神分析にかぎらず、全人格的な関わりの治療は高齢者の治療においてその本領を発揮するのかもしれない。そして、高齢者のその時々の心のありようにフィットした関わりをするためには、こまやかな見立てが大切なのである。

4　治療者の限界の見立て

どのような場であれ、治療者として初めて会った人が、自分の力では対処できないような問題を持っている人であるのかどうかをなるべく早く見極めることは、専門家としての責任である。その責任を果たすためには、診断の知識や自分の力の限界についての気づきをなるべく広げておくことが、まず重要である。

また、自分が訓練を受けた治療法の限界と、問題の種類によって有効な、紹介するべき治療法についての知識を持っておくことも専門家の責任の一つである。たとえば、精神分析的精神療法は条件反射制御法が扱うような、意識の統制が不可能な行動習慣として条件づけによって「身についた」物質依存・ギャンブル依存などの症状や問題行動（条件反射制御法の用語を用いれば第一信号系の問題）の解消をめざすことはできない。この種の嗜癖行動について精神分析ができるのは、他の統合失調症や自閉性障害などと同様に、二次障害としての対人関係の葛藤や心理学的な意味の探索のみである。

その他に、強迫性障害や不安障害の中で、精神分析的精神療法によって心理的な意味が解明されてもなお症状が残るものの中には、物質依存同様に条件づけをしなおす行動療法（あるいは行動中心の認知行動療法）が有効な障害もある。また、うつ病の治療には認知行動療法が有効である。また、医療の助けが必要な障害も枚挙にいとまがない。

知識についていては勉強をすることによって広げることができるが、自分の治療者としての個人的な限界についての気づきは、人間どうしが直接関わりあう中での体験学習によってしか得られない。大学院で用意されているさまざまなプログラムや訓練もそういう体験学習の機会の一部だが、無意識的な領域を含めた自己理解には精神分析的な精神療法を受けることが役立つだろう。無意識に触れる方法としてはユング派の夢分析や箱庭療法を受ける方法もある。

また、日々直面する治療の課題に取り組むためのスーパービジョンの中でも、精神分析の理論を身につけていることが、自分の個人的な課題に気づく助けとなることがある。たとえば、ある治療者がクライエントの痛みに触れそうになると、そこから話をそらしてしまうことを繰り返していることをスーパービジョンの中で指摘されたとする。その治療者は、子どものころ、親が自分に対して「おまえのため」と称して激しい心理的な痛みを起こさせる叱責をすることが多かった、という体験を連想し、自分の防衛に気づくかもしれない。そして、「優しい」と自他共に認める自分の言動の背後に、傷つけること・傷つけられることへの恐れによって受け身で引き気味の姿勢を取ることで安心している自分を発見し、少し人に対して踏み込んでみることを試みるようになるかもしれない。

このように、自己分析によって自分の弱さや痛みなどに取り組むこともある程度は可能である。しかし、自分の手に余るような大きな問題がそこにありそうに感じるときには、トレーニング・アナリシスを受けることが助けになる。トレーニングとしての精神分析的な治療や箱庭療法のパーソナル・プロセスを通じて、治療者として安定感を増し成長する人は少なくない。一方、スーパーバイザーはスーパーバイジーの個人的な問題に立ち入って治療的な関わりをすることはないため、スーパーバイジーに自分の個人的な課題についての探索的な姿勢がなければ、指摘された問題について、単なる困った問題や修正するべき癖と認識しただけで通り過ぎることもある。

また、自分の限界を知ると同時に、自分が専門家として治療関係を始めてよいのか、続けてよいのか、判断に迷う場合には他の専門家に相談する習慣を身につけておくことも専門家としての責任の一つである。多くの機関ではインテーク会議などの形をとって複数の目で判断するシステムを用意しているが、一人職場だったり、そのような機会がなかったりする場合には、スーパービジョンなどの機会を自分から求める必要がある。自己愛の傷つきやすさやその防衛としての過度の自律性や自信を持つ治療者は、自分の力の限界を超えて不適切にクライエントとの関係を続けてしまうことが生じがちである。反対に自己評価が低く自分の力の限界を人に知られることを恥じる治療者は、誰かに指導を受けながら治療をする努力をしないまま、クライエントを遠ざけてしまったり誰かに紹介したりすることもある。

そのような、他者に「頼ることをめぐる葛藤」をほぐすという意味でも精神分析的な治療をはじめとする全人格的な関わりの経験が役に立つ。必要に応じて適切な助けを与えてくれる他者に頼ることを可能にするのは安心なアタッチメント関係を築く力である。そういう関係を築く妨げとなっている恐れや怒りや過度の依存心や過度の自律性や誇りなどは、適応して生活している治療者の場合、普段は上手に防衛されている。ゆっくり防衛の背後にあるものに近づき、直面し、それを乗り越えるためには、全人格的な関わりの治療によるトレーニング・アナリシスが有効である。

5　身体に刻まれた歴史

クライエントの生きてきた時間を含む全体像を理解して見立てようとするときには、特に精神分析的な視点が有用である。それは精神分析が歴史を重んじ、生育史、対人関係の歴史の中でその人の心が形作られてきたプロセスを見る基本的な姿勢を持っているからである。

これに対して、現在困っている問題が限定されているならば、歴史をさかのぼるような回り道はせずに、今直面している問題に焦点をしぼって解決すればいいという考え方もあるだろう。経済的、時間的なエネルギー効率を重んじるならば、それはそれで実用的である。しかし、問題解決を目的として焦点をしぼって始めてみてもうまくいかないときには、改めてその人の歴史をひもといてみると役に立つヒントがみつかることが多い。たとえば、認知行動療法で職場での対人関係に焦点をあてても埒があかず、行き詰まってしまった事例に精神分析的な視点を加えることでクライエントの見立てが立体的になり、理解が進んだ例もある。

行動療法、認知行動療法などの見立てにおいても生育歴を取ることがあるが、全人格的な関わりモデルの心理療法における見立ての特徴は、治療者の身をもってクライエントの身体に刻まれた歴史を感じ取るところにある。すなわちクライエントを対象として客観的に情報を収集するだけではなく、この場で関わりあっている中で身体から身体に伝わってくる歴史を、主観をフルに使いながら捉える。エビデンスを重んじる立場からは精神分析、さらに全人格的な関わりモデルに含まれる治療全般の主観性が批判されている。しかし、筆者は、主観性にこそ意味があると考えている。それは生きている人間どうしの関わりであることが心理療法の中核にあると考えるからである。

クライエントの歴史は、その人が育ってきた中での身近な人との対人関係の歴史、その人の自己愛の歴史、自我や超自我の成長の歴史、そしていくつもの出来事の積み重ねである。ある人の歴史を扱うことの難しさは、その人に関係する人々の歴史や、さらにその人が生きている社会の歴史がからみあっているところ、さらにそれらの複数の歴史が動きながら相互に関係しているところにある。

そして、治療者はクライエントと同時代に生きているため、クライエントが置かれている歴史の文脈を客観的に見ることは決してできない。しかし、同じ歴史の文脈におかれ、同じ時代の空気を吸って生きているからこそできる共感もある。人工知能を備えたロボットが発達して法律家や交通機関の運転手が人間でなくなっても、精神分析的な心理療法を人間でないものがすることは不可能ではないだろうか。情報だけに限定すれば、人工知能に一人の人間が受け取るよりさらに多くの歴史や社会の出来事などの情報をインプットし、それを人間の情報処理に近似した方法でアウトプットさせることは可能になりつつある。また、人工知能が日々新たな情報を自ら学習して、既存の情報に統合したり新たな概念を作ったりすることもできるし、得られた情報を自ら学び、文脈に沿って適切な応答を学習し、行うこともできるようである。[5,6,7] したがって、一部でメール・カウンセリングが実施されている認知行動療法や行動療法は、今は人間の治療者がメールで実施している部分を、将来人工知能が担うことも可能になるかもしれない。

しかし、精神分析的な心理療法は、自らも歴史を持ち身体を持つ存在としてクライエントの身体から伝わってくる無意識を扱う。人工知能はすべて意識であり、身体を持たないゆえに、精神分析的な見立てても関わりもできないだろう。とはいえ、無意識的にクライエントが出すサイン、たとえば表情のかすかな変化や体温の変化などを受け取り、計算に基づいて「意識的に」適切に反応することは人工知能にもいずれ可能になるかもしれない。介護ロボットはすでに実用化されつつある。かゆいところに手が届く世話はいずれ人間の仕事ではなくなるのかもしれない。人工知能の反応は客観的データの科学的計算に基づくきわめて「適確な」ものであり、気まぐれな介護者よりよほど安定した優しさを提供してくれるかもしれない。

しかし、心理療法は介護とは異なり、人間と人間の関係の中で生じる創造的な営みである。人間関係の面白さは、主観性ゆえのずれにある。すなわち、人間の治療者は自らがクライエントと同様に身体を持ち、かつ、限定された個人の歴史を持ち、歴史の蓄積を含む自らの私的な無意識に基づいて、クライエントの無意識について共感的に理解しようとする。その理解は、私的であるがゆえに、主観的であるがゆえに微妙な、あるいは大きなずれをもたらす。ずれはセラピストだけが感じる場合もあれば、クライエントだけが感じる場合、また、双方が感じる場合もあるだろう。すなわち、クライエントになかなか共感できないでセラピストが感じるずれ、セラピストがクライエントをわかっていないのにわかった気になっているときにクライエントが感じるずれ、セラピストもクライエントも共に相手がよく見えなくて双方が感じるずれ、セラピストもクライエントも最初わかってもいないのにお互いにわかりあえた気になっていたがしばらくして違和感が生じて感じられるずれ、などがある。治療関係にかぎらず、人間が人間を理解しようとするとき、相手にとっての出来事の意味、言葉の意味、しぐさの意味などを真剣に理解しようとすればするほど、このずれ、わからなさゆえに、もどかしさが漂う時間が必ずある。そして、そのもどかしさがふとほどけて、通じた、お互いに何かがわかった、と感じたときに身体全体が開放され、喜びを感じる。たとえ、そのわかることがつらい、苦々しい、あるいは悲しいことであっても、そこにはわからなさによって生じた身体的な緊張がほどけるときのほっとする安堵の喜びが伴う。

この緩急の波、はじける喜びを全身的に体験することは人工知能を持つロボットとの間では生じないのではないだろうか。2章に述べたように、情動は意識的な情報処理をする部分と生理的反応や運動表出などの身体的な反応とが相互に影響しあいながら形成されるものだからである。声の調子、息遣い、まなざし、仕草などの「気配」による相互理解の体験は生命あるものどうしでしか生じないのではなかろうか。これは、生命とは何かという問題にも関わることであり、有機体としての生命体と無機物としての人工知能やロボットの、今のところは越えられないだろうと思われている溝にも関わっている。人工知能の研究者である松尾は、「人間＝知能＋生命」であるという。[8] まだ人間は生命を人工的に作り出すことに成功していないし、それが倫理的にどういう意味を持つかは議論されている最中である。生命とは何かを論じることは筆者の能力を超えている。したがって、このあたりの主張は単なる生命礼賛の信仰のようなものとして片付けられてしまうかもしれない。しかし、現時点では筆者は身体という全体性を持つ生命どうしの営みとして、そして人間として生きてきた歴史を身体の中に刻んでいる存在どうしの関わりとして心理療法をとらえている。

直接対面して、自分の身体の中に起きる感じや、一見無関係に思われる自分の記憶の蘇りや連想も含めて、今、このセラピーの場にいる自分の体験の全体を駆使して相手を理解しようとすることは精神分析の専売特許ではなく、全人格的な関わりモデルの治療法には共通している。そして、実際のところ、身体の感じや主観性を理論の中核から排除している行動理論モデルの治療者であっても、経験を重ね、治療者としていわゆる「腕のいい」人は、おのずと身体性、主観性を適切に用いているようである。

ただし、繰り返しになるが歴史を重視するまなざしは精神分析のこだわるところである。このような身体性を伴ってクライエントの歴史を理解するという営みが、クライエントという人の全体を心からわかる、ということであり、クライエントが「治療者に自分を受け止められた」「わかってもらえた」と体験することにつながり、同時に、クライエントの自分を深く理解する営みに通じると考える。

一方で、身体性を伴う全人格的な関わりの中で歴史も含めて治療者がクライエントをわかろうとする、クライエントはわかられたことで関係が深まる、という営みに対して忌避感を持つ人もいる。表面的な浅く乾いた関係、距離のある関係を安心で快適と感じる人である。そういう人は特定の問題を解決することを目的とした、いわば道具的なサポートとしての心理療法を求めるので、行動理論モデルの治療に適しているのかもしれない。

6　無意識による無意識の理解——転移と逆転移

次に、心理療法の最初の出会いの時期が過ぎ、治療同盟ができて治療関係の過程が始まった頃に、精神分析を学んだ治療者は、クライエントの表面からは見えない無意識的な問題を自らの無意識を通じて理解し始める。すなわち、言い古されている言葉を使えば、逆転移を利用したクライエントに対する共感的な理解が可能になる。

再び、人工知能を備えたロボット人間の治療者を比較してみよう。ロボットはクライエントの非言語的なサインから、クライエントが意識していない現時点での情動をも正確に読み取ることはできるようになるかもしれない。しかし、クライエントが過去の対象関係を現在の治療関係に投影していることすなわち、転移を読み取ることは不可能だろう。それは三つの理由からである。第一に、先述の生命の問題と関わるが、ロボットに身体性を与えることが仮に可能になるとしても、進化を経て獲得される本能を持たせることはかぎりなく不可能に近く、[9] したがって、エスの領域の体験を含む対象関係を共感的に理解することはほぼ不可能である。第二に、クライエントの生きてきた歴史についてその体験をすべて人工知能にインプットすることは不可能である。第三に、投影された対象関係に応じて治療者側の過去の対象関係が治療関係に投影されること（逆転移）は生じない。

ちなみにロボットの治療者であってもクライエントからロボットへの投影は容易に生じるだろう。人間は四角い箱であるＰＣや棒である鉛筆にさえ、さまざまな投影をして怒ったり慈しんだりするものだからである。ロボットの治療者はその投影をクライエントの歴史についてインプットされた膨大な情報に照らして、転移が生じていることを推測することはできるかもしれない。しかし、それは電気信号としての文字や画像による情報を総合して概念を抽出する作業と同質のものであり、クライエントの体験を客観的に推測するいわば意識的かつ言語的な理解である。一方、ロボットならぬ、生身の人間の治療者は、本能レベルを含む逆転移の体験、すなわち、身体と身体の共鳴をふくむ推測により、主観的、かつ直観的に転移を理解する。歴史をもった人間は、他者の歴史の一部を「身をもってわかる」のである。ただ、身をもってわかったことがすぐに意識化されたり言語化されたりするとはかぎらない。治療者が精神療法の過程の中で徐々に意識化したり言語化したりすることもあれば、最後まで無意識のうちに「わかって」いて、無意識のうちにクライエントの転移にほどよく応じた対応をすることもある。さらに、完全に正確にわかるはずもないので、ずれた理解であっても、治療者とクライエントの二人の歴史が作られていく中で微妙に修正されつつ理解が進んでいく。あるいは、不幸にして、ずれが大きくなる方向に関係が進んでいく場合もある。その場合には治療は行き詰まるか、あるいは中断に至る。間主観的な交流の中で進んでいく微調整（一致方向あるいは不一致方向への）という現象は人間どうしであれば精神分析的精神療法にかぎらず、治療関係にかぎらず生じているものだろう。ただ、精神分析的精神療法はその暗黙の関係性にまなざしを向けているところが特徴である。

転移を扱わないと公言しているクライエント中心療法や、もともとの理論の中には転移という概念を含まない認知行動療法の治療の成功例の中にも転移が動いている可能性が考えられる。クライエント中心療法の創始者であるカール・ロジャーズが実際のクライエントであるグロリアに面接をした映像[10]においても、転移と逆転移の様相は明確に記録されている。ロジャーズ自身は面接を振り返る中で、面接の中で起きたことは「我と汝の出会い」であり、転移や逆転移という概念を用いて語るのは知的な遊びにすぎないと語っているが、同時にそれが転移－逆転移という概念で語ることができる事象であることを否定はしていない。そして、グロリアの娘であるパメラ・J・バリーがグロリアとロジャーズのその後の関係を手紙もあわせてまとめた本[11]からは、ロジャーズがグロリアの生涯が閉じるまでよい父親転移を引き受けつづけた様子が伝わってくる。ロジャーズの関わりはパーソン・センタードの真髄とも言えるものであり、グロリアの人生を豊かにした貴重なものであったことは確かだろう。

だが、専門性という観点から見れば、ロジャーズのグロリアとの関係は一人のクライエントの特別扱いであり、精神分析の観点からは逆転移の行動化であると言わざるを得ない。ロジャーズの他のクライエントの立場から見れば不公平である。もちろん、クライエントすべてに対して完全に公平に関わることは不可能である。治療関係が人間関係の一つである以上、クライエントによって力の入れ方が偏ることは自然であり、ある程度は致し方ないことだと思う。一方で、逆転移の行動化を「人間的」であるとして開き直って認めてしまうことには疑問がある。自然に起きてくる歪みを誤差として許容することとは別に、専門家は目標として公平性を保つべきであると思う。精神分析は人間の人間的な、ともすると偏りがちな弱さを認めるからこそ、それを統制するために「転移－逆転移」という概念のたがをはめて、治療者の振る舞いをクライエントとの関係の中で見立て、意識的にコントロールしようとしていると言えよう。

また、認知行動療法の成功事例では他の治療法と同様に治療者に対する信頼関係が築かれており、そこには精神分析の概念を用いれば良質でほどよい陽性転移が生じていると考えられる。[12] 一方で認知行動療法の事例において、転移関係への見立て、特に逆転移への見立てという視点がないために、治療過程に限界や困難が生じている事例をいくつか仄聞する機会があった。陽性逆転移からクライエントの依存を高めすぎたと思われる例や、陰性逆転移からクライエントに対して厳しすぎるコメントをして関係が切れてしまった例である。いずれの場合も、セラピストはクライエントを客観的に理解することにのみ注意を向けていたようであり、自分の中に無意識のうちに醸成されているクライエントに対する感情や、セラピストとクライエントの関係の特質にはほとんど注意を向けていなかったようである。

認知行動療法は治療時間の最初にアジェンダを設定するという「協同作業」をする。それにより、構造としてクライエントの自立性を尊重し、育てていると考えられているようである。しかし、過度にクライエントの依存を引き起こした事例においては、その構造に対する盲目的な信頼が、かえって実際に生じているクライエントの依存やセラピストの権威主義的な構えあるいは過保護的な構えに気づくことを妨げていたようである。特に認知行動療法のセラピストはクライエントを褒めたり、具体的に役立つ指示を出したりするので、クライエントの依存を引き起こしやすいと思われるが、そのことがあまり意識されていない場合があるのではないかと思われた。

また、認知行動療法では面接時間の最後にクライエントからのフィードバックを受ける時間を設定しているという構造を持つことがある。しかし、前述の厳しすぎるコメントで中断した事例では、その構造を過信することによって、クライエントの陰性転移や治療抵抗の言語化されない水準での表現に気づくことに失敗し、同時に自らの陰性逆転移に対しても見えなくなっていたように見受けられた。

プラスコらは、認知行動療法の事例を展望し、困難事例においては、転移と逆転移が重要であると指摘している[13]。そのような認識が今後広がることが望まれる。精神分析が治療の中心に据えてきた治療関係という相互主観的なものは、現実的、客観的、エビデンス・ベーストを重んじようとする認知行動療法の枠組みからは除外される流れがあったが、臨床的な壁にぶつかって少し逆流が生じてきたと言えるだろうか。

治療者自身の身体に刻まれた歴史とクライエントの身体に刻まれた歴史が重なり合うところに生じる、相互主観的な事象である転移と逆転移についての見立ては、見ようとしなければ見えないものを、目をこらして見ようとする精神分析的な構えやまなざしによって可能になると言えよう。

しかし、見えないものを見ます、とお題目を唱えても何も見えてこない。見えないものが見えるようになるためには、見えないプロセスがそこに実在することを体感する訓練が必要である。すなわち、心理的な安全性が守られた人間関係の中で、見えないプロセスを見ることができる人に見守られながら自由に自分を表現する体験をする訓練である。具体的には精神分析的な集団精神療法やトレーニング・アナリシスなどであるが、前者は残念ながら日本では機会が少ない。

7　家族史について

日本における事例報告には、必ず家族構成が情報として報告される。特に精神分析が重視するのは両親やきょうだいとの関係を中心とするいわゆる「家族史」であり、これが精神分析的な見立ての限界となっている。家族についての情報は役に立つことが多い一方で核家族、特に親きょうだいの関係にこだわりすぎることは視野を狭める危険性があるからである。

家族の中で育てられてきた人がかなり大きな割合を占める欧米や日本の社会においては、親きょうだいとの関係の中で傷ついたり、甘やかされたりしたことの影響が現在の問題の根っこにあることが多いのは確かである。しかし、多くの事例があるからと言って、それがすべてにあてはまるわけではない。精神分析家にかぎらず、臨床家は自分自身が体験した事例が事実であることに対する確信の大きさゆえに、自分の経験によって確認できたと思う理論を信奉しがちである。たとえば、エディプス・コンプレックスによる解釈が功を奏した事例を体験すると、やっぱりエディプス・コンプレックスの理論は正しいのだと信じてしまう傾向があるように見える。精神分析学会に発表される事例には、幼少期の家族関係と現在の葛藤を結びつけて見立てているものがかなり多い。しかし、核家族で生活していても、親には親が育ってきた歴史があり、それが親として、人としての在り方に影響している。クライエントの親の親がどのような時代・社会の中で、どのような価値観でどう生きていたのかを知ることは、クライエントの超自我や自己評価を理解し見立てるヒントになることが多い。たとえば極端な潔癖さと自分が周囲から不当にぞんざいに扱われているというこだわりを持つクライエントの自己評価の高さの背後に、ある地域で非常に尊敬されていた祖父の存在があった、という事例があったりする。逆に、すさんだ自己破壊的なクライエントの自己評価の低さの背後に、差別を受けてきた祖父母の存在を見出すこともある。また、祖父母の代が背負った運命を変えようと戦った親との同一化や逆同一化がクライエントの生き方に深くかかわっていることもある。可能であればクライエントの親の親にまでさかのぼる歴史を聞くことが見立てを立てる上で役立つことが多い。

次に、施設での養育については[14]、イギリスにおけるアナ・フロイトのすぐれた実践がある一方で、日本においては心理療法以外の援助の実践における分析的な関わりの事例報告はまだ少なく[15]、従来の精神分析の枠組みを広げる作業が十分に行われているとは言いがたいようである。子どもの健康な発達を支える養育者は親である必要はなく、アタッチメント関係が安心なものであることこそが必要なのである、ということがアタッチメントの研究の歴史の中で繰り返し確認されてきた。しかし、その認識が日本ではまだ一般に共有されるにはいたっていない。産みの親より育ての親、という言葉の中にも、「親神話」が残っている。

また、同性愛のカップルによる養育についても心理臨床家の中での理解はこころもとない状態である。ある精神分析の大家と言われる治療者が、同性愛のカップルが子どもをちゃんと育てられるわけはないじゃないか、と言い切るのを耳にしたこともある。それが精神分析学の限界であるのか個人の限界であるのかはわからない。しかし、現状では精神分析学にかぎらず、心理療法一般においても、同性愛の家族における子どもの発達について十分に論じられていないことは確かだろう。これについては、アメリカの連邦最高裁判所が二〇一五年六月二六日、実質的に同性婚を憲法上の権利として認めることになるような判断を示し、全米で、同性婚が事実上、合法化されることになったため、これから急速に研究が進んでいくだろうと思われる。

また、ＬＧＢＴＩの子どもたちの発達についても未知の部分が多い。そして、同性愛のカップルが徐々に社会的に認知されつつある流れが日本にもわずかに見られるとは言え、いわゆる異性愛の家族以外の多様な家族についての理解は精神分析のエディプス・コンプレックスや同性愛恐怖などの概念が示すように精神分析の従来の枠では無理がある。さらに、離婚後ひとり親で子育てをする家族や、経済的・心理的な理由、あるいは信念によって家族を形成せず一人で生活する人や、シェアハウスのような共同生活を選択する人もいる。誰と生活を共にするのかしないのか、人間の生き方のスタイルは多様化している。異性愛のカップルを基本単位とする家族を標準、あるいは正常として構成された精神分析の概念は見直しを迫られていると言えよう。

そして、精神分析にかぎらず、自分自身も含めて、多くの臨床家はまだ同性愛やＬＧＢＴＩの問題について経験も浅く、未知の部分が多い。経験が浅い人が多いゆえに、そういう人たちは心理臨床家の助けをなかなか求められないでいるものと推測される。性同一性や性志向は、今後、臨床家が学びの努力を積み重ねるべき領域の一つであると言えよう。また、同性愛やＬＧＢＴＩの人のクライエントを見立てるときには慎重に自分が偏見にとらわれていないかどうかを吟味しながら、また、できるかぎりそういう領域について勉強をしながら見立てを進めることが求められる。

8　対人関係についての見立て――同一化対象とアタッチメント対象

クライエントを取り巻く現在の対人関係の見立てのためには、家族の枠を超えて、クライエントが辿ってきた対人関係の歴史全体を見て、クライエントが誰に同一化していたのかということを捉えることが必要である。[16] すなわち、クライエントにとって大きな影響力があった対人関係を特定し、その同一化あるいは逆同一化を理解する中で、クライエントの理想自我のあり方や人生についてのストーリー[17]が見えてくる。

一時的な家族外の人との同一化が心の支えであったという事例もある。たとえば、親との関係について忙しそうだったからあまり関わりはなかったし、記憶もほとんどない、と繰り返し語っていたクライエントは、親戚の家にしょっちゅう行って大切にされた一定の時期があり、その思い出を宝物のように心の奥に抱えていることがわかってきた。さまざまなことで自信を失っていたクライエントの中にある自分の可能性への信頼の芽を育てるには、その思い出が大きな支えとなっていった。

また、スーパーバイザーが、クライエントの健康な部分を育ててくれた人がどこか家族の外にいるはずではないかと疑問を投げかけ、治療者がクライエントに問いかけてみたらそういう人間関係が見えてきた、ということもある。家族の歴史だけをたどっていったのではわからない、クライエントの自我や超自我の発達を促した重要な人間関係を探す治療者のまなざしは、クライエントの強さをどう支え、育てるかを考える手がかりを見つけるためにも必要なものである。

治療者として、クライエントを取り巻く対人関係を見立てる視点として同一化対象と並んで必要なものが、アタッチメントの視点である。ビフィルコらが開発した、アタッチメント・スタイル面接（以下ＡＳＩ）は、親にこだわらず、現在の対人関係において態度や行動に表れているアタッチメント・スタイルを捉えようとする。ＡＳＩでは安心なアタッチメント関係を「危機的な状況において、不安や恐れを感じたときに、心の内を打ち明けて相談する行動があること。それに対してアタッチメント対象が共感的、かつ、サポーティブな応答をすること。その結果、安心感が得られる関係が維持されていること。一カ月に一度以上の現実の交流があること。その相手をかけがえのない人であると感じている、すなわちその関係は重要で壊したくない、失いたくないものとして感じていること」と操作的に定義している。この定義に沿って大変だったときに誰に相談をしているのか、誰がどんなふうに助けてくれたのか、などの問いかけをすることにより、クライエントのアタッチメント対象を知ることができる。安心感が持てるアタッチメント対象との関係の話はホッとした空気や温かさをもたらし、見立ての段階において治療者との関係の中の安心感を育てることにも役立つものである。ＡＳＩについての詳細は他書を参照されたい[18]。

9　社会的文脈における見立て

心理療法の初期にクライエントの問題の全体像を把握するために重要なものの一つにそのクライエントがどういう社会的文脈に置かれているかという見立てがある。治療者そして、心理療法を志す人の多くが「こころ」に関心の中心があり、社会や文化、政治、経済にあまり関心がない人が多いように見える。中でも精神分析は変化してきたとはいえ、基本的に内界志向であり、文化の視点、社会的文脈の視点が弱い。精神分析は訓練にも治療にもお金がかかることもあって、中流以上の一定の社会・経済的な地位の人々により独占される傾向があった歴史も影響しているのかもしれない。

精神分析の源流は一九世紀末、ヨーロッパの中産階級の個人療法にある。それは、家族形態や職業や教育など多くの点で限定されたモデルの中で育まれた治療法であるということを意味している。もちろん、スラヴソンのニューヨークでの非行や不適応の子どもたちを対象とした古典的な活動療法の実践[19]や、アナ・フロイトの戦争孤児などの児童収容施設での実践[20・21]、ザビーナ・シュピールラインのロシアの児童ホーム[22]での実践、ウィルフレッド・ビオンの兵士のグループでの実践[23]など、精神分析の実践は幅広い現場や社会階層に向けて広がりを見せ、その中で理論も技法も飛躍的に変化した。イギリスのタヴィストック・クリニックは国の助成により無料の治療を実施しており、精神分析の実践は幅広い階層に対して開かれている。

一方、日本における精神分析的精神療法の実践の多くは、フロイト・モデルと言っていいような、中産階級の個人療法の枠内におさまっているように見える。精神分析的精神療法の大半は開業のクリニックまたはカウンセリング・ルームで実践されている。アメリカにおいては一九八〇年代に保険会社のマネージド・ケアにより、精神分析的な精神療法を受けられる人が自費診療の費用を担いうる少数の高額所得者に徐々にかぎられるようになり、アメリカで精神分析医として資格を取得して活躍していた丸田俊彦、高橋哲郎、中久喜雅文の三人があいついで帰国した。アメリカの流れは、約一〇年遅れて日本にも流入し、いまや精神分析学は、医学部では生物学的な流れに押され、文系学部では認知行動療法の流れに押され、その生息域は急速に狭まってきている。そのような流れの中で、精神分析学が社会的文脈に開かれたまなざしを持たず面接室の中の書斎の学問であることをよしとするならば、中産階級の衰退と運命を共にすることになりかねない。

開き直って精神分析は一つの文化であると論じる向きもある。[24] 一部の教養と金を持った人の趣味のようなものとして「伝統」を大切に守るのも一つの生き方かもしれない。ただ、伝統の技術を学ぶには時間と手間がかかり、後継者は徐々に減っていく。やがて自力で経済的に生きのびることが困難になると予想される伝統は「文化財」として「保護」されたりする。精神分析は日本固有の文化ではないので、保護される見込みはない。クライエントがいなくなれば滅びるだろう。真にその伝統を愛する人だけが引き継いでいくように、精神分析も細々と古い形のまま伝えていきたいと思う人もいるのだろう。物や舞台芸術などの「作品」を作る伝統の技術については古来の伝統は守られるべきものなのかもしれない。伝統を守らなくては作り出せない美しさや味わいがあるだろう。しかし、精神分析学は人に関わり、人を理解する技術と不可分な学問である。時代に即し、柔軟性を持って成長していくことが求められるし、また、それが可能な学問なのではないかとも思う。そして、そのためには、精神分析学が生まれたところの社会的文脈を超えて広い社会的文脈に開かれていくことが必要であると考える。

精神分析学が生まれた社会的文脈を社会階級よりもさらに大きな視点で見ると、精神分析学はキリスト教圏の西欧において生まれた学問である。フロイトがユダヤ人であり、晩年、『モーセという男と一神教』の中でユダヤへのこだわりを披瀝していると言っても、彼と関わりのあった人の圧倒的多数はキリスト教徒で欧米人であり、せいぜい日本人やインド人など西欧に親和的な国の人間が少しまじっているとはいえ、イスラム教徒はほとんど見当たらない。精神分析がアメリカ、ヨーロッパ、アジア、南米など世界中に広まったとはいえ、主にキリスト教圏や仏教圏にとどまり、イスラム圏という世界の約半分をしめる世界において精神分析が受け入れられている話は寡聞にして知らない。イスラム教の世界に生きる人たちを精神分析の視点でどう理解するかということについての試みがラカン派の立場からフランスの分析家によってなされたり[25]、イスラエルの分析家がアラブ人との文化を超えた分析の試みを報告したり[26]しているが、日本人にとっては、イスラム世界に生きる人との対話、さらに、それ以外の世界に生きる人との対話は精神分析学徒に残されている今後の大きな課題であると思われる。

日本で心理療法を行っていても、かつてのような、単一民族国家でクライエントは原則として日本人であるという状況は急速に変化しつつある。グローバル化の波は心理療法の世界にも及びつつあり、治療者は異文化、異民族のクライエントに会うことが増えると思われる。オーソドックスな精神分析の見立てが暗黙のうちに置かれている社会的文脈を意識し、クライエントが生きている社会的な文脈を広く見る視野の広がりが必要であると思われる。

第5章　心理療法の営みと精神分析

1　自由を得る営みとしての心理療法

人は自分の何かを変えたくて心理療法を受ける。変えたいことは、自分の性格、行動、感情、記憶などであることもあれば、自分の周囲との関係、葛藤、脅威などであることもある。そして、変える方法には、治療者のよって立つ学派や治療機関などの制約条件もあるが、無数と言っていいほどさまざまな方法がある。そして、クライエントが心理療法を体験し、その中でさまざまな心理療法を終えて去って行くときに得ているものは、一人ひとり異なるものだろう。

しかし、あえて心理療法の営みが目指すものに共通することを言葉にすると、「自由」という言葉が鍵になるのではないだろうか。心理療法を必要とする時点でクライエントを苦しめていた何かからの自由である。

そして心理療法の初期に、治療関係の中で、ある種の自由が体験されることが精神分析やクライエント中心療法など、全人格的な関わりモデルの治療の特徴であると思う。すなわち、クライエントの全体を理解し、関わろうとする治療者の開かれた姿勢が、日常生活の多様なしがらみに満ちた関係とは異なる関係として体験されるのである。それは慣れない無重力の中で方向感覚を見失うような、不安な体験であるかもしれない。しかし、クライエントはその新しい関係に慣れ、信頼感を持ち始めるにつれて、徐々に日常生活では決して体験しないような自由を感じ、自分の心の中を旅することができるようになる。

この自由は、宇宙空間のような開かれた自由とは異なるし、完全にあらゆるものから解き放たれた自由でもない。あくまでも、治療者の人間的な限界の中で努力によって作られ、維持される自由であり、クライエントが治療者を信頼し、心を開こうとする構えを持つ中で生まれる自由である。

そして、この自由な治療関係の中で治療の営みが行われていく。現実的、意識的な関係を大切にするクライエント中心療法では、クライエントの体験を共感的に、今ここで、ありのままに理解し、治療者の体験の中から生まれてきた反応を率直に返していく。箱庭療法では、無意識の世界が箱庭の中に表現されるのを治療者が受け止め、解釈をしたり、解釈を伝えず心に留めたりしながら見守っていく。

精神分析の場合には、この自由な空間は、転移－逆転移関係が発展していく舞台を含む劇場空間となっていく。転移とは、治療関係以外のクライエントの過去の人間関係が無意識のうちに治療関係に持ち込まれる、「転移」する現象である。治療者は、転移関係を育てるべく、しばし、自らの反応を自分の中に溜めて関係の推移を見守る。クライエントの中では、治療関係の中に自らの無意識的なテーマが表現されそうになると、無意識のうちに抵抗が生じて、治療の過程を妨げるさまざまなことが起きてくる。しかし、その妨げ、すなわち抵抗が治療者、クライエント、双方の努力によって乗り越えられていくにしたがって、徐々に転移関係が明確に治療者と患者の間に浮かび上がっていく。一方、治療者がクライエントの転移に応じて反応したり、あるいは治療者自身の過去の人間関係も、無意識のうちに治療関係に持ち込まれて反応したりする現象が「逆転移」現象である。この転移、抵抗、逆転移はクライエントと治療者にさまざまな投影、投影同一化によるドラマを演じさせる。以下、転移と抵抗と逆転移が展開していく関係を「転移－逆転移関係」と呼ぶことにする。本章では、転移－逆転移関係を中心概念とする精神分析が心理療法としてどのような特徴を持っているのかということを、全人格的な関わりモデルの心理療法の中で他の治療方法と対比させながら考え、心理療法の営みにおける精神分析理論の有効性と限界について論じる。

2　転移－逆転移関係と治療空間の閉鎖性

精神分析的精神療法、あるいは精神分析の中で転移－逆転移関係が発展していくと、クライエントの心は転移－逆転移関係に奪われていき、クライエントの心のドラマが劇場空間の中で演じられ、セラピストは主要な登場人物になると同時に演出家、舞台監督、としてもさまざまな働きをする。[1] 治療者は自分の無意識による反応も逆転移としてドラマにある程度持ち込みつつも、それはなるべくコントロールして、クライエントの主役の座は奪わないようにする。また、総監督として劇場空間全体を見守り、構成する役割も担うが、時には役になりきってアドリブが飛び出すこともあるだろう。単発のアドリブに止まればいいが、監督の役割を忘れて役者であることも忘れて自分の欲望のままに振る舞い始めたら、舞台はめちゃくちゃになってしまう。すなわち、逆転移の行動化により境界侵犯をしてしまうような場合である。極端な例として、患者と性的な関係を結んでしまう治療者が挙げられる。肉体的な関係を結ばないまでも、患者を誘惑し、恋愛関係の幻想をもたせて、その後、距離をとって患者に見捨てられ体験をさせる治療者の例もある。

クライエントも治療者も共に、舞台の上でドラマを展開すると同時に演出家でもあり、観客でもあり、裏方として効果を盛り上げる役割をも担っているが、治療者は監督としての責任、すなわち治療者としての機能を絶えずどこかで維持しなくてはならない責任がある。

クライエントも治療者も、時には現実の冷や水を浴びたり、対応に追われたりして転移－逆転移のドラマから離れることもある。たとえば、家族が思いがけない事故に出会って傷つくようなことや、自分が何かの資格試験を受ける、などである。しかし、転移－逆転移関係が濃密なものである場合には、クライエントは面接の時間になると、現実を忘れて治療関係のドラマに心のエネルギーが集中することもある。クライエントと治療者が転移－逆転移関係のドラマに心を奪われる度合いは、面接の頻度によっても異なる。頻回であればあるほど、転移－逆転移関係の比重は大きくなる。ただし、心を奪われると言っても、治療者は治療者として機能しつづけるために一定のエネルギーを確保しつづける。

転移－逆転移関係のドラマは、現実的なエビデンスを重んじる人には理解しがたい、妄想や夢のような幻想を舞台化した展開を見せることもある。治療者は閻魔大王のように恐ろしい存在とみなされることもあれば、仏のように優しい存在とみなされることもある。また、恋の相手とみなされることもあれば、敵とみなされることもある。治療者はまた、妖精にも妖怪にもなりうる。その不可思議な展開を保証するためにこそ、外界の現実から隔てられた閉鎖空間としての治療空間が作られる必要がある。秘密が守られ、退行が許される特別な場が作られるのである。具体的には、治療構造が厳密な形で作られ、時間と空間の枠がクライエントのために保障されると同時に、秘密が厳格に守られる。治療者もクライエントも共に、決められた治療の枠の中だけで関わり合う。

この治療空間の閉鎖性が、精神分析の醍醐味であると同時に弱点となっている。治療機序としての治療者とクライエントの転移－逆転移関係を扱うためには、閉鎖性は不可欠である。しかし、同時に、閉鎖性はクライエントの現実生活における適応の可能性を狭める危険性も持っている。

3　心理療法における「転移現象」の視点の有効性

精神分析においては、「転移－逆転移」関係は治療機序の中心であり、主役の座をしめている。クライエントの心が転移にとらわれているときに展開する劇のテーマは、一体化願望、甘え、羨望、競争、恋愛、復讐、権力欲、哀悼など、その人の課題によってさまざまである。転移－逆転移の劇においてクライエントの無意識の中の願望や恐れがセラピストに投影される。この舞台が演じられているさなかは、クライエントはその劇に夢中になり、非日常である分析の時間だけは、夢を見ているような状態になる。言い換えると治療的な退行状態になる。そこで、分析の面接時間の中で生きる非現実な空間と、分析の面接時間以外で生活している現実的な空間を、きちんと分けて行き来できるだけのクライエントの自我の柔軟性と強靭さと、構造を守る治療者の努力があって初めて転移－逆転移の劇を共に生きることが可能になる。そこで、精神分析を始める前に数回の診断面接を行い、そのような分析の特殊性に耐えるだけの内的条件としての自我の強さ、外的条件としての社会的な安定性を持っているかどうかを、治療者とクライエントが相互に見極めた上で精神分析が始まる。すなわち、正式の精神分析の治療契約を改めて結ぶことになる。

精神分析の閉鎖的な構造の中で守られて無意識の闇の中に沈んでいた怒りや悲しみや愛情などのテーマについて、遠い記憶と、希望や絶望と、今ここでの生々しい治療者とのやりとりを重ね合わせながら取り組む作業は、傷を癒したり、育っていなかったところを育てなおしたりする意味深い営みである。

しかし、精神分析のプロセスが進み、転移が解釈され、クライエントが治療関係の中で見ていた治療者は自分の心の投影であったことに気づいて、夢からさめて現実に戻ってくるにはかなり時間がかかることが多い。その時間の長さや様相は治療者の力量やクライエントの問題の深さや現実の出来事などさまざまな要因により異なるが、月単位ではなく年単位であることは確かである。すなわち、精神分析は、時間と財力がある中産階級以上の人のための心理療法である。思えば、精神分析が一世を風靡した時代は、中産階級の層が比較的分厚かった時代だった。地球資源の枯渇による経済成長の限界、世界の政治的な不安定性といった昨今の状況に鑑みて、中産階級の復活の可能性は疑わしい。すなわち、週に四回以上という国際標準の精神分析を受けられる人が今後増えていく見込みは薄いのではないだろうか。精神分析学派の治療としては、週に一回の精神分析的精神療法が主流となっている現状が続くと考えられる。

しかし、フロイトが創始したオーソドックスな精神分析が、現実にはある種の贅沢品となったとしても、そのことと、精神分析の知見が心理療法にもたらす貢献とは区別するべきである。前の章でも見てきたような人格構造論、防衛機制、発達論に加え、転移現象の発見は精神分析の大きな貢献の一つであると言えよう。

転移は、治療の中心的な治療機序としてこれを扱う精神分析の中だけで生じる現象ではなく、あらゆるところに生じている。分析で扱われる転移は、確かに濃い。一つには、精神分析療法家は前述のようにあえて転移を育てるので、必然的に濃くなる。さらに、週の半分以上会い、治療者の顔を見ない構造の中で投影が促進されるという精神分析の仕掛けの中で人為的に濃縮された転移は、心を強く奪い、深く揺さぶる。後からふりかえると、あのときの自分はおかしくなっていたのではないか、と思うような体験だったりもする。一方、精神分析的精神療法をはじめ、多くの治療関係、そして、通常の人間関係においても転移現象は観察されるが、それらは精神分析で生じる転移に比べて、より薄く、心の安定をさほど揺さぶらないことが多く、それゆえに気づかれにくい場合もある。

しかし、気づかれにくいことと影響の有無は別である。日々、それと気づかず食べつづけている食品添加物が癌などの病気を引き起こすことがあるようなものである。[2] ちょっと体に合わないな、と思ったら注意して食べるのをしばらくやめてみる、ということは日常生活の知恵の一つだろう。同様に、どのような治療法であっても、勘のいいクライエントはセラピストの個人的な問題に由来する逆転移や偏見などに不快感を持って中断することがあるようである。一方、プロの料理人であれば、食の専門家として、客が気づかなくても身体に悪い影響がある食材には注意するだろう。心理臨床の専門家は、精神分析を専門としていない場合であっても、転移が影響をもたらす可能性に注意を払うことが求められる。

具体的には、土居健郎[3]が説いたように「わからなさ」に注目する習慣を身につけることにより、転移－逆転移の兆候に気づくことができる。わからなさはいろいろなところに生じる。クライエントのふとした仕草が妙に色っぽいと感じられた理由がわからない、ということもあれば、毎回、そのクライエントの面接時間だけに自分が眠くなるのがなぜかわからない、ということもあれば、クライエントの現実生活の中で急に喧嘩が増えた理由がわからない、ということもある。わからなさはさまざまな領域や強弱で生じる。そして、何かひっかかる、なんだかわからない、と感じたときは、理詰めで額にシワを寄せて根を詰めて考えるのではなく、少しリラックスした状態に自分をおいて、自由に心を遊ばせ、思いを巡らせることによって、転移−逆転移が見えてくるものである。それは、一人でもできるし、スーパービジョンの場でもできる。集中的に思考機能を働かせて「わからなさ」に取り組むと、回答を捏造するか、ますますわからなくなって混迷の度を深めることになりかねない。少し注意を拡散して感情も思考も直感も感覚も自由に動く状態に自分の心を緩めることで、無意識的な図柄が見えるものである。

そして、いったん転移現象の図柄が意識化されると、心の中で距離を置くことができるため、自然な調節機能が働き、転移現象に巻き込まれることが少なくなる。たとえば、クライエントが恋愛転移を発展させつつあると気づいた治療者は、クライエントが媚を含んだまなざしをじっと向けてきたときにさりげなく目をそらすかもしれない。喧嘩が急増したクライエントに対しては、「最近、怒りっぽくなっているようですね」と言葉をかけることにより、クライエントの観察自我を刺激するかもしれない。

また、逆転移については、自らの無意識的な欲望や葛藤が白日のもとにさらされ、意識の目に見える形となることで自我によるコントロールが可能になる。「わかっちゃいるけどやめられない」(スーダラ節)というのも一面の真実だが、それは私人としての幸せな生き様としての開き直りである。専門家としては、わかったら抑えたり対処したりすることが仕事の一部である。対処するというのは、たとえば、治療者が自分の寂しさからクライエントを必要以上に治療関係に引き止めようとして妙に甘くなっている場合であれば、自分の寂しさを日常生活の中で埋める努力をするとか、自分が理不尽な上司に対して怒りたいけれども怒れない状況に苛立ち、クライエントに対して必要以上に強い言葉で直面化を繰り返している場合であれば、自分の上司との葛藤を誰かに話して怒りを発散したり状況の改善の努力をしたりする、というような、日常生活における対処である。あるいは日常生活からは遠い、過去の人間関係などに由来する逆転移であると予想されるならば、心理療法を受ける、あるいはトレーニング・アナリシスを始める、などの対処が必要になる場合もある。転移、抵抗という精神分析の概念の光をクライエントと治療者の関係にあてることにより、赤外線カメラで見るように、昼間の光では見えなかったものが見えてくるものである。

4　無意識へのアプローチとしての言葉とイメージ

無意識を扱う心理療法の代表格であるフロイトとユングは、治療関係における無意識の現れとしての転移関係に注意を払っていたという点では基本的に共通していた。しかし、イメージに現れる普遍的無意識を重視したユングとは異なり、精神分析において内界の探索を行う営みは、常に言葉を用いて行われるところにその特徴がある。クライエントが転移にとらわれてどれだけ心が不自由になっていたとしても、最終的にはクライエントはそれを言葉でセラピストに語ること、セラピストは治療関係に生じていることを言葉にすることによって「分析」する。これは、精神分析の営みが自我を主役とし、言語機能を表現の主要な道具として行われていることを意味する。自我と言語機能が重要な役割を果たすことは、自我心理学以外の精神分析の中の学派、たとえば対象関係論、自己心理学、対人関係論においても、また子どもを対象とするプレイセラピー、精神分析的な集団精神療法においても共通している。

フロイトの言葉によれば、精神分析は「自我を強化して、これをますます超自我から独立したものに仕立てあげること、自我の知覚領域を拡大し、自我の編成を拡充して、自我がエスのさまざまな部分を新たに獲得できるようにすること、つまり、かつてエスがあったところに、自我を成らしめること」[4]なのである。

この、自我を主役とするフロイトの考え方は、ユングが無意識を主体的な存在とみなし、無意識が自分に何を語りかけているかに耳を傾ける、と語っているのと対照的である。ユングは「私は、夢がコンプレックスに対して何を言おうとしているのかが知りたいのであって、何がコンプレックスであるのかを知りたいのではありません。私は人間の無意識がコンプレックスに関して何をしているのかが知りたいのです。つまり、自分自身のために何をしようとしているのかが知りたいのです。私が夢から読み取るのはまさにこのことなのです」と言っている。[5]

このユングの言葉は「普遍的無意識」という個人を超えた存在を仮定し、それを主体とみなしていると考えられる。一方、精神分析における主体はあくまで人間である。仲正昌樹[6]によると、主体とは、一定の社会的文脈の中で現れてくるものである。精神分析は社会的文脈にしばられた個人、重力にさからえず、地面にはりついた人間を対象とする。天翔る人のイメージも海の底の異界のイメージも魅力的だが、精神分析が最終的に見つめつづけるのは、生身の人間そのものである。

空のかなたに人智を超えた存在があると信じるかどうかはその人の選択である。そのような存在が証明できるかどうかという哲学的な論争に立ち入ることは筆者の能力を超えている。ただ、人智を超えた存在を信じる心の構えは、人間としての限界に思いをいたす謙虚さをもたらす場合と、逆に、自分だけはそのような人智を超えた存在がわかる、選ばれた特別な存在である、という思いから万能感をもたらす場合の二通りがあると考える。前者の謙虚さが強調されるのが東洋の禅であり、その流れをくむ森田療法は空のかなたというよりは世界のあらゆるところに満ちている自然を、人智を超えた存在として、かつ、自らの中にも周囲と隔てなくあるものとして大切にする姿勢を治療方法として伝えている。フロイトは、人智を超えた存在を信じる心の構えが持つ傲慢さにつながる危険性を強く感じていたのではないかと思う。

また、フロイトには手持ちの概念で説明できるものを、あえて手が届かない特別な場所に置くのは宗教につながるという考えもあったのだろうと思われる。フロイトは宗教に対して、次のように語っている。「精神分析は、宗教の起源は子供のころの寄る辺なさにあると指摘し、宗教の内容を、成熟した大人になってもなお抱きつづけられた幼児期の欲望と欲求から導き出すことによって、その役目を果たしたのです[7]」

神の概念に近いと言われる「自己」の元型を始め、ユングが「普遍的無意識」として語っている元型群については、第2章でも論じたように、クライエントやセラピストが自分たちの社会的文脈を投影し、擬人化して読み取っている可能性があると考えられる。ただ、イメージが言葉にならない、身体と直結した無意識の心の表現として強力な道具であることも確かだろう。箱庭療法を、十分な訓練を受けていない治療者が実施したときに、クライエントが統合失調症を発症する、すなわち自我の統合性が崩壊するような事例があることからもそれは明らかである。言葉を道具として使いつづける心理療法は、精神分析にしても、クライエント中心療法にしても、認知行動療法にしても、自我の一定の統合性を前提とし、その統合性を保とうとする。

一方、自我機能に奉仕する「言葉」は、概念を押しつける道具になる危険性をも常に孕んでいる。治療関係の中で生きた言葉として用いられる解釈の言葉は、クライエントの自己洞察を進め、自己理解を深めたり広げたりする。しかし、治療者が教えられた概念を関係の外から持ち込み、クライエントにあてはめて解釈として伝える場合には、治療者の言葉は冷たい金属の型をクライエントのあたたかい生きた皮膚におしつけるようなものになり「乱暴な分析」としてクライエントにとって侵襲的な体験、一種の心理的な外傷となることがある。あるいは、治療者の思い込みが熱をおびた解釈として一方的に伝えられた場合には、治療者の熱い言葉がクライエントを傷つけて火傷のように跡を残すこともあれば、治療者の熱に浮かされたクライエントが治療者の熱い思い込みの方向に動かされてしまうこともある。以前の治療者に言われた一言のもたらした傷を癒すために何カ月もかかった人もいる。精神分析に対する「怖い」というイメージは精神分析により傷つけられて逃げ出した人が少なからずあるところから広がっているのだろうと推測する。また、自我の力がある程度強いクライエントは、治療者の「身につかない」概念のふりまわしが顰蹙を買って、傷つく前に治療から離れる場合もある。

　クライエントの体験と懸け離れた概念や解釈の押しつけの危険性は、精神分析的精神療法にかぎらず治療理論や概念にとらわれて治療をする場合には必ず生じる可能性があるものかもしれない。しかし、特に精神分析的精神療法の場合には、クライエントが治療的な退行をしている場合に、防衛が緩み、暗示にかかりやすい状態になっていることがあるので、注意が必要である。影響力がある人の思い込みの押しつけは偽りの記憶を作り出す危険性さえある。[8,9]

　臨床的なメタファーはそれが生まれたときには、その治療者とクライエントの関係、治療過程の中で生きたものであったはずである。だが、それらが概念として、ミーム（文化的遺伝子）として伝承されていく中で、単なる道具として、教条主義的な形で臨床の場に持ち込まれてしまうことが時に生じるのである。心理療法が、生きた目の前の人間をありのままに、かつ共感的に理解することをめざす営みであるということは自明のことであるが、あたりまえすぎて油断すると、その認識をおろそかにしてしまいかねない。臨床家は一生学びつづけなくてはならない、と言われるのは、知識を学ぶこと以上に、この他者への共感という基本姿勢を保っているかどうかを立ち止まって振り返る必要性を指していると思われる。言葉は、共感とともに用いられるときにのみ、治療の道具としてクライエントのために働くのである。

精神分析にかぎらず、自分が教条主義的になっていることに気づくのは、自分一人では難しい。教条主義的になっているときの人間は、多かれ少なかれ自己愛が肥大し、自我の判断機能が一部硬直化し、麻痺しているからである。要するに、自分は専門家として素晴らしいと思い込んでいる状態である。残念ながら、同じ学派の馴染みの集団の中での事例検討においても、教条主義の打破は難しいことがある。そういう集団では得てして競ってジャーゴンと化した概念を用いていることも多いからである。

したがって、時には、大きな学会や普段は所属していない研究会など、所属集団とは違う場で事例を検討する機会を持つことが教条主義的になる落とし穴を避ける近道である。他流試合は、自分の教条主義的な部分にかぎらず、思わぬ気づきをもたらし、腕を磨くよい機会である。ただし、他流試合に挑戦したときには、自分のよって立つ学派に対して否定的な考えを持つ人からのコメントで、傷つく危険もあるということは覚悟しておかなくてはならない。これは、学会等で時折見かける光景である。攻撃的なコメントが、フェアな学問的批判なのか、「東大話法」(安冨歩[10])のような立場主義からくる攻撃なのか、劣等感の裏返しの攻撃なのかを判断することは難しい場合もある。しかし、いずれの場合にせよ、傷ついた体験を内省や身近な仲間やスーパーバイザーの助けを借りたりしながら反芻し、消化することが一つの貴重な学習体験となる。

無意識へのアプローチとしての言葉は、無意識が実証不可能な概念であるだけに、何とでも言える、という危うさを持っている。エビデンス・ベーストを重んじる人から精神分析やユング心理学が批判されるゆえんである。その批判に対して答える根拠は心理療法の営みにおける臨床的な実績である。学派間の抗争、いわば内戦にかまけるよりも、クライエントとの対話を実のあるものにして臨床実践の成果を示していくために、一人一人の心理療法家が治療者として言葉と技量を磨くことに力を注ぐべきだろう。

5　無意識へのアプローチとしての夢分析

全人格的な関わりモデルの心理療法の中に、無意識の心が現れた現象として、眠っているときに見る夢を扱う学派は数多くある。しかし、心理療法として夢分析を理論化した祖はフロイトである。そして、精神分析学派においては、夢というイメージで構成された素材を扱う場合にも、あくまでも言葉による話し合いで夢の意味を探索する。

夢の分析については、夢の脳基盤を研究している神経生物学者、アラン・ホブソンによる批判もある。ホブソンは、フロイトが夢は「無意識に至る王道」だと言い切り、実際に夢に関与するもののうち、意識上に現れるのはごくわずかな部分でしかないという事実を認識し損ねてしまったために、解釈学的スキームが袋小路に陥ってしまった、と批判している。[11] しかし、意識に現れたごくわずかな部分との対話を積み重ねることにより、意識に現れない無意識が刺激され、結果として意識の在り方が変化した治療例はいくつもある。[12・13]

ホブソンは、わずかな部分を手掛かりにそれに連なるものが引き出されていくというプロセスを十分に見ていないのではなかろうか。地面からわずかに顔を覗かせているオキザリスの小さな葉の周りの土を突っついて緩めた上で、葉の全体を摑んでそっと引っ張り出すと地中に広がった根っこがぞろぞろと出てくる。心理療法の中で治療者とクライエントが短い夢の素材についてあれこれと自由な連想を広げながら話し合っているうちに、夢の意味が一つの物語として見えてくる営みはこれに似ているかもしれない。いや、出てくるものの深さ、意外さは根っこの比ではないだろう。

また、ホブソンによると、夢は、その奇怪さ、感情、記憶喪失、幻覚、妄想などについて、それぞれ対応する神経生物学的事象が解明されフロイトによる説明はほぼ書き換えられたという。一方でホブソンは「フロイトは五〇パーセント正しかった、それは夢には意味があり、感情について教えてくれるからである」とも言った上で、「自分の感情生活を探求するために夢を利用したいと思っても、お金を支払う必要はなく、注意を払い、日記をつけ、感情的な脳、つまり辺葉系からのメッセージをよく考えればよい」と述べている。

しかし、夢について一人で考えることと専門家に語ることは異質な体験である。筆者は一日に何時間も夢日記を書きつづけ考えていた時期があり、一方で夢の意味を「お金を支払って」考えつづけた経験もある。それらの体験を踏まえると、一人で考えることと専門家の助けを借りて夢を扱うことの間には質的な違いがあると思う。耳を傾ける他者、見守る他者がいる場で夢に向き合うことは、無意識の世界に踏み込んでいく同行者がいるということであり、その安心感は大きい。一人で考えつづける自己分析は自己愛的な耽溺となり現実見当識が低くなって妄想的になる危険がある。

ただし、小説などの表現によって昇華される場合には、作品としてそれを見ること、それについての記録をつけることが無意識に圧倒されない「歯止め」になるのかもしれない。ヘンリー・ダーガーが死の数年前まで一人で自室で何十年と描きつづけていた作品群は夢ではなく、ユングがビジョンと呼んだような白昼夢を絵にしたものであると思われるが、無意識の孤独な昇華の例だろう。[14] 筆者の場合にはヘンリー・ダーガーほどの才能があったわけではなく、現実的な課題に追われてもいたため、ある時期、底なし沼に呑み込まれていく不安を感じて夢日記をつけるのを止めた。

　引き続き、個人的な体験の話になるが、筆者はたまたま一九八七年前後に来日した、ユング派でドリーム・ワークの開発者であるロバート・ボスナックと、クライエント中心療法の流れでフォーカシングおよび夢フォーカシングを開発したユージン・ジェンドリンのワークショップに、数カ月の間をおいてつづけて出る機会があった。いずれのワークショップにおいても、デモンストレーションに志願して自分が少し前に見た夢を素材として実際のワークを体験した。二つのワークで扱った夢は別々の夢である。二つのワークには、方法としてかなり共通の要素があり、ゲシュタルト療法の手法を取り入れて、今、ここで、夢の世界を再体験するものだった。いずれのワークにおいてもデモンストレーションという場の限界がありつつも貴重な自分自身への気づきを得ることができたが、それらは心理劇同様にきわめて創造的な体験だった。ただ、それが夢の意味との出会いだったのか、場やセラピストの守りの中で生まれた新たな気づきの創造だったのかは、いまだにわからない。ちなみに、クライエントに今ここで実際に夢を演じてもらう、いわば演劇の演出家のように振る舞うという手法は、基本的に内向的な自分には向かないと感じたので、これらのワークを自分で用いることはしていない。

　一方、数年後に受けた精神分析的精神療法の教育分析の中での夢の扱いはあくまでも言語による自由連想とそれに対する解釈であり、気づきの質はかなり異なるものであった。分析家の醸し出す雰囲気の影響もあったと思うが、精神分析的精神療法においては、言葉で語る中で見えてきた自分のある部分と、ぎくりとしながらも静かに向き合う体験だった。

どれがより優れた夢の扱いであるかを論じたいわけではない。筆者にとってはいずれも貴重な体験であったし、それぞれ得たものはユニークで、比べられるようなものではない。ただ、それらの体験を振り返って改めて実感するのは、精神分析的精神療法がめざすのは、あくまで言葉という道具で語ることを通した自己理解、無意識の理解であり、理性的な営みであり、治療的退行は自我および超自我の統制を失わない範囲にとどめるということである。ユング派の視点からは、それは、個人的無意識の水準にとどまり、集合的あるいは普遍的無意識の水準にまでいたらない分析であるということになるだろう。一方、フロイトに言わせるとユングが語る普遍的無意識は神秘主義であるということになる。ユング派の自我や超自我の統制を超越した創造的なファンタジーの世界の冒険も魅力的だが、それは一歩間違うと無意識にのみこまれて自我肥大に陥る危険性をはらんでいる。精神分析的精神療法は無意識に対する警戒を怠らず、言葉という現実社会の手垢のついた道具にしがみついているのかもしれない。

6　無意識と象徴

全人格的な関わりモデルの中でも、無意識の領域を意識の領域よりも広大であり、かつ、意味があるものとして捉える理論と、意識中心主義の理論とがある。いうまでもなく、精神分析、ユング心理学は前者であり、後者の代表がクライエント中心療法である。興味深いのは、クライエント中心療法の祖であるロジャーズの弟子のうちの一人であるユージン・ジェンドリンが、現象学の立場から心理療法の世界に入ったという背景も手伝って、無意識を視野に入れた技法である夢フォーカシングを開発したことである。[15] クライエント中心療法と精神分析の架け橋という位置づけになるだろうか。

無意識的な心の領域の存在とその人間の生き方に与える影響や意味を認める理論とそうではない理論の違いは、象徴の扱いに見られる。子どもの心理療法においてみられるさまざまな表現や、夜見る夢に出てくるさまざまなイメージやストーリーや、自由連想の中に出てくるさまざまなものを、象徴として解釈するか否かに違いが見られる。

象徴は、目に見えないものを具体的な形に表したものである。目に見えない無意識の世界の意味を認める心理療法においては、クライエントの言葉やイメージや行動などの表現に象徴としての意味を読みこむ。そこで読まれ、解釈として伝えられ、治療者とクライエントに共有される意味は、治療者とクライエントの共同制作による物語であると言える。[16] 無意識の意味を認めない人から見ると、それは「作り話し」であり、「妄想」であり、非科学的で信用ならないものであるということになる。科学や合理性を重んじる人は無意識を認めない行動理論モデルの治療こそが信頼できると考えるだろう。一方、幼い頃から「物語」の世界に生きてきた、非科学的なものや非合理なものに心を惹かれる人間にとっては、物語を自由に作って語れる、そしてその物語を大切に共有できる人間関係である、全人格的な関わりモデルの治療関係は、豊かで発見に満ちたものである。外向的な性格と内向的な性格のいずれがよりよいということがないのと同様に、いずれの理論モデルが正しいとか優れているということもないだろう。どちらを選択するかは、治療者にせよ、クライエントにせよ、個人の自由である。ただし、現代の日本社会は、「コミュニケーション力」が強調され、外向的な性格の人間が一般に重宝がられているように、科学的、合理的な理論の方が一般に重んじられる傾向があるかもしれない。

無意識的な心の世界を認め、象徴を解釈するタイプの治療理論を選択する場合、治療者には象徴を読むための知識の蓄積が求められる。共通した文化的な背景を持つ治療者とクライエントの場合には、特別の努力をしなくても、普段の生活の中で文化や芸術に触れて豊かな内面生活を送っていることで知識は自然に蓄積されるだろう。しかし、年齢、社会・経済的背景、宗教などの大きく異なるクライエントと会うときには、治療者が恣意的に象徴を読んで大いに読み違える可能性がある。たとえば、高齢期にさしかかった治療者は思春期の子どもの治療の中で出てくる「おそ松くん」が、自分が子どもの頃に流行った漫画ではなく、今はリメイクされて大人になった「おそ松さん」として流行っていることを知らないと、古いイメージの連想で象徴を読んだまま話を聞きつづけるかもしれない。また、牛は、日本人にとっては乳と肉を与えてくれる母性の象徴であることが多いが、ヒンズー教徒にとっては聖なる存在の象徴である。さらに個人的な体験に基づく象徴もある。たとえば、エーデルワイスがクライエントの夢に出てきたとき、クライエントにとっては、子どもの頃に祖母がスイスのお土産に買ってきてくれた小さな皮の財布についていたエーデルワイスの飾りが、手の届かない美しいものの象徴となっているにも関わらず、治療者はサウンド・オブ・ミュージックの挿入歌のエーデルワイスを連想して、危機からの脱出の緊張感を象徴していると解釈するような場合にはかなりのずれが生じることになるだろう。象徴的な表現を扱う治療者は、原則としてクライエントに解釈を仮説の形で投げかけ、ずれを修正してもらったり、あるいは、仮説を自分の中に寝かせておいて、プロセスを見つづける中で自ら修正したりするものである。

ただ、日本は世界の中で最年長の国家[17]であり、他民族により根こそぎ文化や言語の変更を強制されることなく、島国で生活をしてきたからなのか、あまり解釈を言葉で伝えることをせずに関わりつづけることが多い。なんとなく、なぜかわからないけれども治療がうまくいった、という事例もよく聞くが、そういう事例の場合には、日本的な以心伝心の治療関係であったのかもしれない。

しかし、世界の人、物、情報の早い流れの中で、従来のような共通の文化基盤を前提とした心理療法は通用しない場合が増えつつある。たとえば国や民族や宗教など、文化が異なるクライエントの心理療法を行うときには、クライエントの文化を知る努力、象徴の解釈の仮説を伝えて修正してもらう努力が治療者に求められるだろう。言葉の壁、文化の壁を超えて治療者がクライエントの象徴を理解することができるためには、クライエントによる説明が不可欠である。クライエントが治療者を信頼して説明するためにも、前の章に述べた治療の入り口でのクライエントとの関係の構築がますます重要になっていくと思われる。

7　人格変化と現実適応

心理療法は、その人を苦しめているものから自由になることを目指しているのではないかと述べた。それは、言い換えると、少し生きやすい生き方への変化を目指している、すなわち、現実への適応を目指している。先述のように、精神分析が転移関係を治療機序とし、転移関係の十分な展開と分析を目指すために閉鎖的な治療構造を作ることは、無意識的なこだわりをも含む深い水準での人格変化をもたらすことを目指すための方法である。ユング派がイメージを無意識の表現として受け取り、無意識の過程の流れを見守る営みも、人格変化を目指すものである。河合隼雄は、ユング派の治療構造の閉鎖性の必要性を、化学変化をもたらす実験の入れ物に喩えた。[18]すなわち、無意識に触れる心理療法は一定の外的な現実の荒波から守られた閉鎖的な治療構造を持つことが必然なのである。

しかし、この閉鎖性が、時に現実適応のスピードを遅くしたり、現実適応を妨げたりすることもある。精神分析の枠に縛られている治療者は、転移関係の分析を重んじることによって、現実的な問題への対処に援助の手を差し伸べることを固く自らに禁じている場合が散見される。自己破壊的な衝動を抱えるクライエントがどんどん経済的に困窮し生活が破綻していくことについて触れずに、ひたすら自由連想を聞きつづけた例がある。また、クライエントの行動を外的な現実状況を確認する前に転移の行動化として解釈しつづけ、クライエントが外的な現実の苦しみをわからない治療者に愛想を尽かして治療から出て行くような例もあった。そばで聞いていると痛みを感じる事例に、治療者自身はあまり痛痒を感じていない様子から推測するに、これらの事例では、治療者が心の中に硬直化した治療構造を取り込んで心が不自由になり、共感性が低くなっているのだろうと思われた。

また、無意識と象徴の節で述べたように、心理療法は治療者とクライエントが共同で物語を作っていくという側面がある。クライエントの現実をあまり見ようとしない治療者の中に、クライエントの心の中に展開する物語に夢中になりすぎて、作品としての美しさや面白さにのめり込みすぎる治療者がいる。このような場合は、治療者とクライエントの間の壁が薄くなりすぎ、治療者がクライエントの内的な世界と自らの内的な世界を混同して治療者としての機能を果たせなくなっているのだろう。無意識の世界は時に渦のように人を呑み込む力を持つ。治療者に自らの内的世界と現実の双方を見据える自我の力が要求されるゆえんである。

また、複雑な精神分析学の理論や概念が身につき始めた時期の治療者が、概念と実際の治療の中で起きていることが符合することそのものに興奮し、夢中になってクライエントの現実が見えなくなり、適応の視点が霞むこともある。これは、どのような心理療法の学派においても初心者の域を抜けてある程度「できる」という感覚がつかめてきた時期に起こりがちな問題でもある。いつまでスーパービジョンを受けるべきか、ということについては議論があることだが、間歇的にであっても、なるべくスーパービジョンを受けることができる機会は保っておきたいものである。

子どもの治療の場合に、親の関わりが発達を妨げている場合があり、心理教育的なガイダンスをすることにより子どもの適応が進むことにいち早く気づいて、親への介入を始めたのがフロイトの娘のアナ・フロイトだった。日本では親面接という名前で親ガイダンスが一般的に行われており、必要に応じて子どもの学校関係者との連携なども行われているので、そういう意味では柔軟な治療構造で心理療法の実践がなされているところも多い。しかし、精神分析を標榜する治療者の中には、子どもの心理療法において心の中のイメージの象徴をひたすら追い、外的な現実にあまり目配りをしないような精神分析の限界、不自由さを感じさせる例も見られる。

理想を言えば、治療者は、クライエントの人格変化が生じる内的な過程と、クライエントが置かれている、適応を要する外的な現実の双方に目配りをバランスよくできることが望ましい。しかし、どちらを基軸にするかと言えば、筆者はクライエントの現実適応を大切にするべきであると考えている。そして、繰り返しになるが、精神分析の閉鎖的な構造に拘泥すると、現実適応のために必要な介入が犠牲になる可能性があり、それが精神分析の限界であると考える。現実的な適応のために必要な介入というのは、具体的には、支持的な介入であり、また、家族や関係者への介入、すなわち環境調整である。暴力や引きこもりなどをはじめとして、現実的な問題の解決が重要だと思われる場合には、必要に応じてアドバイスをしたり、家族を呼んだり、学校の先生に会いに行ったりする、使えるものは何でも使う、という柔軟な姿勢、臨床心理の枠からはみ出してケースワーク的な動きをすることも、時には必要であると考える。

精神分析の歴史の中では、境界性パーソナリティ障害がクローズアップされ、治療構造の時間や空間の制限に到底おさまらない衝動性の強いパーソナリティ障害の人たちの治療に取り組む中で、閉鎖的な構造の弊害については大いに議論され、試行錯誤がなされ、打破されたではないかと言われるかもしれない。それはそれで大きな流れとしてあることは確かだが、一方で、いわゆるオーソドックスな精神分析の適用であるような一定の自我の強さのある人たちを対象とするときに、精神分析の持つ構造のこわばりが治療者を不自由にすることも依然としてみられる。

8　治療者の不自由さ

治療者の不自由さは、上記のように、精神分析学派の場合には、クライエントの心を心の内に閉じ込めて治療しようとする姿勢につながり、適応の視点を弱める危険がある。また、他の学派においても、先に述べたような教条主義的な関わりをもたらしたり、逆転移の行動化をもたらしたり、非倫理的な行動を引き起こしたりする。ここでは、精神分析を含む心理療法一般の治療者の自由を妨げるものについて考えてみたい。治療者の自由を妨げるものとして考えられるのは、治療者の心の中にあるさまざまな未解決の葛藤やこだわり、治療者の所属集団のしがらみ、治療者のよって立つ理論の限界、である。

まず、心の中にある問題については、それが治療者としての機能を妨げるほどに大きいと思われる場合には、今までにも述べてきたように、自らが心理療法を受ける、あるいはトレーニング・アナリシスを受けることによって取り組んでおくべきであろう。特に精神分析をはじめとする全人格的な関わりモデルの心理療法においては、自らの無意識も含めた自分の心と身体の全体を用いて関わるため、治療者の中の葛藤や欲望や未解決の課題など、さまざまなものが治療者としての機能に反映する度合いが大きい。ただ、自分の中の未解決の個人的な問題が、どの程度治療者として機能することを妨げているかということを自分自身で見極めることは難しい。自分は精神的に健康で適応しており、特に問題がないと思っている人が、自己愛的であったり、周囲に問題を投影していたりすることもある。

また、自分で未解決の課題が見えていて、問題意識があるものの、それに取り組むのは相当な難事業であると感じている場合に、どういう時期にその課題に取り組むかは慎重に考えなくてはならない。というのは、心理療法やトレーニング・アナリシスで内的にエネルギーを使うと、たとえば資格取得や新たな職場への適応などの当面の現実適応のために、外に向けて使うエネルギーが足りなくなってしまうこともあるからである。もちろん、治療者があきらかに機能不全に陥っている場合には何をさしおいても心理療法を受けるべきであり、周囲からそのように強く勧めることもある。たとえば治療者が一度に複数の身近な人を喪失してうつ状態になっているとか、家族関係の葛藤から逃げるために過剰に仕事を引き受けすぎて処理しきれず周囲に迷惑をかけているなどの場合である。

しかし、緊急性がない場合には、心理療法やトレーニング・アナリシスを受けるタイミングは治療者自身が決めるべきことだろう。そして、少なくとも日々の訓練や仕事の中で自分のこだわりや傾きを理解して、自分の問題によって自分の動きが不自由になったときに調整ができるように準備しておくことは専門家としての責任の一つであると考える。

また、心理療法やトレーニング・アナリシスにより整理がついていたはずの問題が、現実生活の中での大きな出来事で揺さぶられて少々暴れ出すとか、やむをえない葛藤や大きなストレスが治療者を外から突然襲ってきて治療者の自由を奪うこともある。逆にあまりにも嬉しい出来事に舞い上がってしまうこともある。そういうときには、フォーカシングのクリアリング・ア・スペースの技法[19]が役に立つ。これは、治療者として機能することを妨げる葛藤や気分を、控え室あたりに待たせておくとか棚上げするなどのように、心の中で問題と距離をとるヒントになる技法である。

次に、治療者は必ず何らかの集団の中で生きている。特に、初心の治療者は、間違いを犯しクライエントを傷つける危険性、あるいはクライエントにとって役立つ働きをほとんどしない可能性もあるので、ある一定の集団に所属して訓練を受け、治療者として必要な素養や倫理を身につける学習をしなくてはならない。

そして、精神分析にかぎらず、心理学の世界にかぎらず、まとまった知識を伝えるために組織化された集団には影の部分、否定的な部分がつきものである。目的を持って機能する集団には権力が発生し、外集団と内集団の往復をめぐる規則が発生し、忠誠心が求められる側面が多かれ少なかれあるからである。リーダーをめぐって、きょうだい葛藤やサブ・グループ間の葛藤などが起きることもある。権力が分散していてかなり民主的であり、規則もバウンダリーも柔軟な集団であったとしても、不完全な人間の集まりである以上、ひずみのまったくない集団はない。また、集団の構造が民主的でよく機能していても、妄想的な人がメンバーとして入ってきて集団が混乱し退行することもあれば、極端に依存的な人が入ってきて集団のエネルギーを吸い取って集団を疲弊させることもある。

治療者として成長することへの妨げ、あるいは自由に自立的に仕事をするのに邪魔になる訓練集団の否定的な影響を減らすためには、選択が可能であれば、その訓練集団に入る前に、集団の性質、リーダーの特徴などをアセスメントしてから入り、また、集団のプロセスを観察する態度を持ちつづけることが有効だろう。とはいえ、集団が一気に退行するときにその力動に呑み込まれないで踏みとどまることはなかなか難しい。集団外の人とその集団について話す機会を持つことで、外からの目で集団を見ることや、第1章で述べたビオンの基本的仮定集団の概念を始めとする集団力動についての学習により、集団を客観的に見る目を養っておくことが役立つ。

次に、自らのよって立つ理論によって不自由になることは、ある学派の治療理論を学び、治療技法を身につける学習をする過程では必然的に生じる副作用のようなものである。だが、学習の過程で批判的思考を失わず考えつづければ、理論の限界がやがて見えてくるだろう。学会等で他学派の議論に触れることや所属集団以外の集団との交流も自分のよって立つ理論を相対化するよい機会である。

ただ一方で、これは地域格差が大きい問題かもしれないが、多様な学派の学習機会がふんだんにありすぎるために、広く浅くつまみ食い学習をする人に出会うことも少なくない。どの学派の訓練を受けるかを選ぶための試食も必要である。しかし、試食をしたからと言って、その料理が作れるようになるというものではない。講習会で聞いただけの技法を、スーパービジョンもなしにクライエントに対していきなり用いるのは乱暴である。治療者は理論にとらわれすぎるのも不自由だが、自由になりすぎて責任が取れないことをするのは治療者としての倫理にもとる。

ただ、それに似て非なるものとして、治療者自身の創意工夫の自由がある。学会で聞いたことが前意識あたりでヒントとして漂っていたり、あるいは今までの経験が知恵として土台になっていたりする、そういうものを足掛かりに、臨機応変に工夫をすることは治療的に効果的に働くことがある。たとえば精神分析的な治療の中でも、共に問題を図に描いてみるとか、クライエントに家族の写真を持ってきてもらうなども、そういう工夫の一つである。クライエントが自主的にはじめたことを治療者が体系化し、技法として発展させることもある。古くは精神分析の自由連想はそのようにして生まれたものであり、近年ではコラージュ療法などもその一例である。治療者の柔軟で自由な姿勢が、クライエントの自ら作り出した方法を取り入れたからこそ発展した治療技法と言えよう。試食タイプの無責任な「取り入れ」と治療的に効果的な創意工夫の違いは、治療者がクライエントとの間でその効果を慎重に吟味する共同作業ができているかどうかにあるだろう。

日々の臨床の営みの中で絶えずさまざまな不自由にからめとられつつ、そこから自由になるあがきをクライエントと共にするのが心理療法家の仕事であると言えるかもしれない。

9　治療者を自由にする道具としての理論——アタッチメントと精神分析

人間は偶然の連続で生かされていると同時に意志を持って選択する不思議な存在である。そして、自由意志で選択していると思いながらその実、多様なミーム（文化的遺伝子）に翻弄されている。合理的に判断しようとしても不合理な感情や不可知な身体の影響を免れえない。と書いている筆者の人間観も一つのミームである。

そのように考えてくると、人間の考えることなどたかがしれているから考えてもしょうがないという気分にもなってくる。しかし、現実に他者と関わり、他者に影響を与え、他者の力によって生かされている存在としての責任を考えると、非力であることや限界があることを踏まえつつも自分がなすべき仕事をどのように行っていくべきかを考えざるをえない。

心理療法という仕事をする治療者として現時点で筆者が大切なものとして考えているのは、最初に、クライエントにとって安心できる、信頼できる踏み台になる、舞台になることである。それが、安心なアタッチメント関係を築くことであり、そのことを根本に置くことにより、筆者は、一時期、自由を拘束されるように感じていた精神分析理論というミームから距離を置くことができるようになった。

心理療法の営みの中ではクライエントの心理的な課題に照らしてクライエントの心が安らかではいられないような働きかけをする場面も生じる。たとえば、クライエントが反動形成によって守っている怒りに直面化させることはクライエントの心を不安定にするだろう。また、劣等感を覆いかくし、褒めてもらいたいために治療者を理想化し、どんどん高いところに祭り上げようとするクライエントに対して、私たちはそれほど特別な存在でもないみたいですよ、と治療者が言動で示唆することはクライエントを不愉快でイライラした気分にさせるかもしれない。そのようなさまざまなクライエントにとって不快で不安定な心の状態をもたらす働きかけをするためには、土台としてのアタッチメント関係が必要であると考える。筆者の場合には、転移を扱うこと、抵抗を解釈すること、という精神分析理論の要請と、クライエントとの関係性の土台を守ることという要請の間で迷ったときに、まずアタッチメント関係がしっかりできているだろうか、と考えることによって、自由で安定した姿勢をとることができるようになった。

しかし、それは迷わなくなったということではない。心理療法は常に迷いと選択の連続である。なぜならば、心理療法は二律背反的な営みであり、正解があるわけではないからである。大枠で言えば、全人格的な関わりモデルの治療の複雑で流動的で不合理性を含む治療理論と、行動理論モデルの治療の明解で秩序立って組み立てられた合理性の高い治療理論のいずれが正しいとも言えない。あるクライエントにとっては、いずれかの方がよりよい結果をもたらすのかもしれないが、一人の人が同時に二種類の治療を受けることは、パラレルワールドでもないかぎり不可能なので、これについては永遠の謎である。同様に、現実の問題について サポーティブに話を聞いた方がいいのか、それとも、内界を象徴する出来事として解釈をした方がいいのか、また、沈黙しているクライエントに声をかけるべきか、それとも待つべきか、など、やってみないとわからないことがかぎりなくある。いずれの選択もある側面ではプラスの効果が期待できるが、逆の側面ではマイナスの効果が予想される。計算機ならぬ人間は、もちろん、いろいろな予想やプラス・マイナスの計算をしつつも、実際のところ、瞬時にそれらの計算を総合して、ある種の勘のようなもので判断している。ある治療理論にのっとって治療をしていれば、選択の方向性はある程度決まってくるだろうと思われるかもしれない。そういう側面もあるが、人間どうしの営みの中には例外を作りたくなることが起きてきたり、偶然によって思いがけないものがはじけたりすることがある。そして、それが思わぬプラスの効果を生むこともあるし、マイナスの効果を生むこともある。ユングはプラスの偶然を共時性と呼んで多くのプラスの偶然の例を特別な事象として論じているが、この共時性の概念は筆者の理解を超えている。筆者は選択の結果生じることは、偶然も含めて人間の予測を超えている不可知なものであると考えているので、人と人の関わりは賭けの連続であると考えている。賭けというと責任を放棄する響きがあるが、賭けであると同時に、責任を持って選択しなくてはならないものでもある、ということが心理療法の二律背反の一つであると考える。

そして、心理療法の営みは、治療者とクライエントの関わりの中で生じたことを治療者がたえずふりかえり、クライエントがどう感じているのか、どう感じたのかを理解しようとする中で治療者としての方向性を修正したり確認したりしつつ、次の関わりをする繰り返しである。この、クライエントをその時々に理解しようとする構えにおいて、アタッチメント対象として安心感のある関係を作ろうとする姿勢が役立つ。自分の欲望や考えを脇において目の前の相手に共感するために自分をすべて使う、という構えは、いわば育てる姿勢であり、支える姿勢であり、そこに細やかなまなざしが生まれる。

一方、心理療法のもう一つの二律背反は、この、相手のために自分をすべて使うと同時に、相手から離れて全体を俯瞰して理解するまなざしを持たなくてはいけないということにある。そのような、いわば客観的に理解すること、目の前の相手が意識していない裏で起きていることをおしはかること、などにおいて、精神分析を始めとする理論的な知識が役立つ。精神分析の防衛機制の概念は、クライエントを観察する方法として裏に回ったり、見かけを作る仕掛けを推測したりするのに役立つだろう。フォーカシングの体験過程の理論は、身体がキャッチするクライエントと治療者の間に生じているさまざまな現象を捉えるのに役立つだろう。家族療法や集団精神療法やコミュニティ心理学の理論は、クライエントが置かれている布置を大きなスケールで見るのに役立つだろう。精神分析の発達理論は、過去、現在、未来という時間軸の長いスケールでクライエントの人生を見るのに役立つだろう。

それに加えて、精神分析の自由連想は、思考を超えた直観的な理解をもたらす意味で優れた道具である。無意識の広大な心の世界を仮定する精神分析であればこそ、自由連想法という方法が用いられる。この自由連想法という方法の発見は、精神分析の心理療法への大きな貢献の一つである。自由連想をする能力は心を遊ばせる能力と言い換えることもできる。ユング心理学などで用いられるイメージを使う方法や、音楽、ダンス、劇などの創造的な方法も、心を遊ばせて意識の及ばない人間の全体の中に潜在している無意識の世界を動かす方法であると言えよう。

そして、心を遊ばせるためには、安心な人間関係による見守りのある空間が必要である。安心なアタッチメント関係がそれを保証するのである。すなわち、治療者とクライエントを自由にする土台としてアタッチメント関係が安心感のある、信頼感のあるものであることが必要である。治療者は、クライエントにとって信頼に足る働きをすることができる存在としてそこにいられるように、そして、クライエントに応えることができるように日々努力をしているのである。

おわりに

文化的な遺伝子、「ミーム」という概念、そして人間はミームの乗り物にすぎないという考えは、二〇一〇年頃に出会って以来、予想に反して、人口に膾炙しなかった。人間は主人公の座を譲りたくないし、自分は主体であると思いたい向きが多いようである。かくいう自分自身も普段の生活の中ではほとんどの時間、主役気分で生きている。

それはさておき、本書を執筆しはじめた頃、筆者から見て精神分析理論は非常に包括的な複合ミームであり、後から出てきた概念、いや、理論さえ、多くが精神分析というミーム王国の部分を化粧直ししたものであるように思われた。新たに発見したかのように言い立てるが、その実、王国の遺産の中に同じものが見出されるのではないかと、苛立つときもあった。今も同じように感じることもある。

しかし、ある時期から、精神分析を含む全人格的な関わりモデルの治療理論の立場と、行動理論モデルの治療理論とは、立っている前提や目指すものが異なるが、優劣を論じても不毛なのではないかという考えに変わった。上下になっていたものがふっと横に並んだ感じである。それは、ミームという捉え方をしていなければ生じにくいことだったかもしれない。

また、本書を書きながら通奏低音のように響いていた一言がある。

無理に「思考」と「実践」を一致させたりしない方がいいと思う。「思考」の面では急いで解答を出そうとせず、自己の立脚点を脱構築しつづけ、「実践」面ではその場その場の状況に応じてプラグマティカルに振る舞うようにしたらいいのではないだろうか。

（仲正昌樹『「不自由」論』エピローグより）

この言葉は、精神分析理論などという巨人について語ろうとするおまえは身のほど知らずの愚か者だ、という筆者の中の超自我の声による萎縮から、筆者を少し自由にしてくれた。

本書は、筆者のささやかな思考の軌跡であり、実践の中から出てきた呟きのようなものである。精神分析理論という自分にとって大切で、大切であるがゆえに自分にとって納得がいかない部分に歯がゆさを覚えるというアンビバレントな関わりを何年も続けてきた。その中で、臨床家としてはじめに薫陶を受けたクライエント中心療法への回帰、自分の柱となるものとして出会ったアタッチメント理論の臨床への取り入れを通じて、少しずつ精神分析についての思いが明確になってきた。そこで、現時点で臨床家として人に伝えたいいくつかのことを言葉にしたのが本書である。エリクソンの発達段階では生産性の段階も後半にさしかかり、自分の得たものを人に伝える年頃になってきたという思いもある。筆者の脱構築の旅はまだ続くが、これから臨床を学ぶ人たちに伝えたいこと、臨床理論のさまざまな立場で実践する中で人が人に関わることについての思いをめぐらしている人たちに投げかけたいこと、を書いたつもりである。精神分析とアタッチメント、クライエント中心療法には、こんな関係があり得るのか、という一つのミームとして伝われば幸いである。

みすず書房の田所さんには、筆の遅い筆者に対してたいそう辛抱強くお待ちいただき、感謝している。クライエント中心療法の師である佐治守夫先生も、アタッチメント理論の世界へ私を導いてくれた精神分析の師である皆川邦直先生もすでにこの世にない。苦言を覚悟しつつ、亡き二人の師にこの本を捧げたい。

林　もも子

二〇一七年三月　春の新座にて

索　引

あ

愛他主義　87, 89
アタッチメント・システム　18, 19, 51, 114
アタッチメント・スタイル　51, 117–24, 126, 146
　安心型　117
　怒り－拒否型　120–2
　恐れ型　118–20, 122–3
　とらわれ型　122–3
　引っ込み型　121–3
アタッチメント・スタイル面接（ASI）　51, 146
アタッチメント対象　52, 64, 103, 116–8, 145–6, 180
アタッチメント欲求　61, 64
アタッチメント理論　18, 51, 113, 116
アドラー，アルフレッド Adler, A.　6, 25–6
安心感を供給する基地　52, 116
安心なアタッチメント関係　51–3, 60, 74, 91, 114–8, 123, 126, 133, 143, 146, 178, 181
安全な避難場所　52, 116
一次的女性性　107, 109–10
一次的男性性　107, 110
ウィニコット，ドナルド Winnicott, D.W.　11, 80
エス　27–47, 50, 53, 57, 60, 75, 80–1, 91, 94–5, 138, 159–60
エセ愛他主義　89
エディプス・コンプレックス　4, 6, 13, 15–6, 56, 86, 102–3, 109, 142, 144
エリクソン，エリック Erikson, E.H.　11–2, 34, 67–72, 84, 95–102, 110
エリクソン，ジョウン Erikson, J.　95–6
エロス（生の本能）　10
置き換え　75, 77–8

か

快原理　29
解離　75, 82–3
河合隼雄　32, 170
間主観性理論　10, 19
感情の隔離　75, 82, 94
北西憲二　23–4
基本的仮定集団　18, 176
逆転移　19–21, 128, 137–41, 152–5, 157–9, 173
境界性パーソナリティ障害　15, 126, 173
共感的応答　52, 114, 116–7
強迫性障害　81, 131
去勢不安　4, 16, 23, 103, 109
ギリガン，キャロル Gilligan, C.　99–101
クライエント中心療法　17, 20–1, 80, 111, 113, 128, 139, 151–2, 161, 166–7
クライン，メラニー Klein, M.　10, 12–4, 18, 48–9
ケア　62–4, 99–102
ゲシュタルト療法　20, 22, 166
元型　14, 32, 34, 161
行動理論モデル　112, 137, 168, 179
合理化　87–8, 119
個人的無意識　34, 167
コフート，ハインツ Kohut, H.　10, 62
コンポーネント・プロセス・モデル　40

さ

作業集団　18
ジェンダー　106-7, 110
自我　9, 12, 17, 26-31, 33-4, 37-41, 43-5, 47-54, 57, 60, 62, 69, 73, 75-8, 81-3, 86-7, 91-4, 99, 101, 110, 116, 125, 134, 145, 155, 158-63, 167, 171, 173
　——心理学　10-1, 15-7, 102, 159
　——欲動　30
子宮を破壊する空想　12-3
自己愛　5, 10, 59-6, 89-90, 108, 132, 134, 163, 165, 174
　誇大的な——　62
　脆弱な——　62
自己心理学　10, 102, 159
自己同一性　97-9, 112
児童分析　13
支配－従属関係　60-1
社会的知性　40-1
社会的文脈　125, 146-9, 160-1
集団精神療法　18, 142, 159, 180
シュピールライン，ザビーナ Spielrein, S.　7-9, 36, 147
昇華　87, 90-2, 165
条件反射制御法　82, 130-1
象徴　14, 22, 32, 49-50, 81, 87, 103, 167-72, 179
情動理論　40
ジョーンズ，アーネスト Jones, E.　3
ジンガー，ヴォルフ Singer, W.　45-6
人格構造論　26-8, 156
スキーマ療法　112
スターン，ダニエル Stern, D.　15, 34-5
ストレス・コーピング　17, 94
生気情動　34-5, 37, 39
精神性的発達　67, 102
精神分析的精神療法　22, 125, 130-1, 139, 147, 153, 156-7, 162, 166-7
成人愛着面接（AAI）　51
性同一性障害（GID）　15, 84, 101, 110
性分化疾患（DSD）　15, 84, 101, 110
前意識　33, 47, 77, 80, 176,
全人格的な関わりモデル　111-2, 130, 132-4, 137, 151, 153, 164, 167-8, 174, 179
漸成　68

た

退行　39, 129, 154-5, 162, 167, 175-6
対象関係論　10, 14, 48, 86, 102, 159
タイソン，フィリス Tyson, P.　11, 16, 56, 61, 102-3, 106-10
タイソン，ロバート Tyson, R.　11, 16, 56, 61, 102-3, 106-10
タナトス（死の本能）　6, 8, 10, 12, 49
探索システム　52
知性化　93
中核的同一性　106-7
中立性　116
超自我　16-7, 27-8, 40, 44-5, 47-8, 50-4, 56-65, 69, 74-5, 80-1, 85, 89-94, 109-10, 127-8, 130, 134, 143, 145, 159, 167, 184
　——前駆体　61
転移　9, 19-21, 109, 137-41, 152-9, 170-1, 178
土居健郎　76, 157
ドイチェ，ヘレーネ Deutsch, H.　8
同一化　16, 56, 62-4, 74-5, 103, 108-10, 143, 145-6
投影（投映）　22, 50, 75, 78-9, 81, 118, 120, 126, 138, 153, 155-6, 161, 174
統合失調症（精神分裂病）　12, 49, 131, 161
同性愛　15, 103, 106, 143-4
取り消し　75, 80-2
トレーニング・アナリシス　123, 132-3, 142, 159, 174-5

な

内界　12, 18, 40, 44-5, 53, 147, 159, 179
内的作業モデル　53
中久喜雅文　95, 147
仲正昌樹　32, 160
偽の自己　80
乳児期　48, 69-73, 101
認知行動療法　10, 20, 76-7, 82, 112, 119, 131, 133, 135, 139-41, 147, 161
ヌミノース　32, 34-5

は

箱庭療法　39, 119, 132, 152, 161
発達心理学　10, 14, 16, 51, 68, 70
発達理論　11, 34, 67-70, 72, 95, 97, 99, 103, 110, 180
パラノイア　49, 78-9
パールズ，フレデリック Perls, F.S.　6, 20, 22-3
反動形成　75, 79-80, 87, 89, 126, 178
ビオン，ウィルフレッド Bion, W.R.　18, 147
フォーカシング　166, 175, 180
フォナギー，ピーター Fonagy, P.　11, 51
普遍的無意識　32-5, 159-61, 167
フロイト，アナ Freud, A.　6, 8, 10-12, 17, 19, 54, 68, 72, 93, 143, 147, 172
フロイト，ジグムント Freud, S.　3-25, 27-8, 30-3, 36, 40, 45, 47, 54, 56-8, 62, 67-9, 72, 76, 86, 90, 93-6, 102-3, 107, 109-10, 143, 148, 156, 159-61, 164-5, 167
ペニス羨望　16, 102-3, 106, 108-9
ボウルビィ，ジョン Bowlby, J.　6, 18, 51
ホーナイ，カレン Horney, K.　8

ま

マインドフルネス　25, 88
マインド・マップ　37
前田重治　30, 77
皆川邦直　22, 96
ミーム　34, 43-4, 57, 58, 75, 85, 112, 162, 177-8
無様式感覚　34
妄想－分裂態勢　48-50
森田正馬　20, 23
森田療法　20, 23-5, 82, 88, 112, 160

や

遊戯期　70, 72, 83-9, 91-3
ユーモア　87, 93-5
ユング，カール・グスタフ Jung, C.G.　6-9, 14, 32-6, 56, 111, 131, 159-61, 165-7, 170, 179, 181
よい乳房　12-4, 49
幼児期初期　70-3, 75-7, 83, 89, 93, 95
幼児的万能感　86, 91
抑圧　20, 23-4, 30, 36-8, 54, 67, 75-7, 79-80, 92
抑うつ態勢　48-50

ら・わ・A-Z

ラカン，ジャック Lacan, J.M.E.　10, 16, 86, 149
ラマルク説　33, 36
リビドー　11, 30-1
老年期　48, 68, 70, 72, 95-6
ロジャーズ，カール Rogers, C.R.　17, 20-2, 32, 80, 113-4, 116, 139-40, 167
ワクテル，ポール Wachtel, P.L.　22, 37
悪い乳房　12-4, 49
LGBT　101, 110, 144

文　献

邦訳文献の刊行年は，原則として引用・参照した版の刊行年を表記した．

第 1 章　精神分析学の発展と批判

1　Jones, E. 1961. *The Life and Work of Sigmund Freud*. Basic Books, New York.（竹友安彦・藤井治彦訳『フロイトの生涯』紀伊國屋書店，東京，2007 年）

2　Cohen, D. 2009. *The Escape of Sigmund Freud*. JR Books, London.（高砂美樹訳『フロイトの脱出』みすず書房，東京，2014 年）

3　前掲書 1，27 頁

4　Freud, M. 1958. *Sigmund Freud: Man and Father*. The Vanguard Press, New York.（藤川芳朗訳『父フロイトとその時代』白水社，東京，2007 年）邦訳 11 頁

5　Masson, J. 1985. *The Complete Letters of Sigmund Freud to Wilhelm Fliess. 1887-1904*. Belknap Press, Cambridge.（河田晃訳『フロイト フリースへの手紙 1887-1904』誠信書房，東京，2001 年）

6　前掲書 1，39 頁

7　牧田清志・黒丸正四郎「前文」『アンナ・フロイト著作集 2』岩崎学術出版社，東京，1995 年，7 頁

8　Erikson, E. 1969. *Identity: Youth and Crisis*. W.W. Norton, New York.（岩瀬庸理訳『アイデンティティ』金沢文庫，東京，2011 年）邦訳 179 頁

9　Freud, S. 1992. *The Diary of Sigmund Freud 1929-1939. A Record of the Final Decade*. Freud Museum Publications, London.（小林司訳『フロイト最後の日記 1929-1939』日本教文社，東京，2004 年）

10　Dufresne, T. 2000. *Tales from the Freudian Crypt. The Death Drive in Text and Context*. Stanford University Press, California.（遠藤不比人訳『〈死の欲動〉と現代思想』みすず書房，東京，2010 年）

11　Steele, R. 1982. *Freud and Jung Conflicts of interpretation*. Routledge & Kegan Paul, London.（久米博・下田節夫訳『フロイトとユング（下）』紀伊國屋書店，東京，1986 年）

12　映画『危険なメソッド』（デヴィッド・クローネンバーグ監督，2011 年）

13　Carotenuto, A. 1980. *Diario di Una Segreta Simmetria. Sabina Spielrein tra Jung e Freud*. Casa Editrice Astrolabio- Ubaldini Editore, Roma.（入江良平・村本詔司・小川捷之訳『秘密のシンメトリー——ユング，シュピールライン，フロイト』みすず書房，東京，1991 年）

14　Richebacher, S. 2005. *Sabina Spielrein Ein fast grausame Liebe zur Wissenschaft*. Dorlemann Verlag AG, Zurich.（田中ひかる訳『ザビーナ・シュピールラインの

悲劇――フロイトとユング，スターリンとヒトラーのはざまで』岩波書店，東京，2009 年）

15 Freud, S. 1972. *Gesammelte Werke*. Vol. 1-17. Nachtragsband Zur Auffassung Der Aphasien. The Institute of Psycho-Analysis, London and the Estate of Angela Richards, Eynsham.（須藤訓任・藤野寛訳『フロイト全集 17 1919-22 年 不気味なもの，快原理の彼岸，集団心理学』岩波書店，東京，2006 年）邦訳 117 頁

16 小此木啓吾「解題およびメタサイコロジイ解説」井村恒郎・小此木啓吾訳『フロイト著作集 第 6 巻』人文書院，1974 年，430-431 頁

17 Wachtel, P.L. 1977. *Psychoanalysis, Behavior Therapy, and the Relational World*. American Psychological Association.（杉原保史訳『心理療法の統合を求めて――精神分析，行動療法，家族療法』金剛出版，東京，2002 年）

18 Kissen, M. 1976. *From Group Dynamics to Group Psychoanalysis: Therapeutic Applications of Group Dynamic Understanding*. Hemisphere Publishing Corporation, Washington D.C.（佐治守夫・都留春夫・小谷英文訳『集団精神療法の理論――集団力学と精神分析学の統合』誠信書房，東京，1996 年）

19 Tyson, P. & Tyson, R. 1990. *Psychoanalytic theories of development*. Yale University Press, London.（馬場禮子監訳『精神分析的発達論の統合①』岩崎学術出版社，東京，2005 年）

20 Tyson, P. & Tyson, R. 1990. *Psychoanalytic theories of development*. Yale University Press, London.（皆川邦直・山科満監訳『精神分析的発達論の統合②』岩崎学術出版社，東京，2008 年）

21 Fonagy, P. 2001. *Attachment Theory and Psychoanalysis*. Other Press, New York.（遠藤利彦・北山修訳『愛着理論と精神分析』誠信書房，東京，2008 年）

22 Erikson, E. & Erikson, J. 1997. *The Life Cycle Completed: A Review*. Expanded Edition. W.W. Norton, New York.（村瀬孝雄・近藤邦夫訳『ライフサイクル，その完結』みすず書房，東京，2001 年）邦訳 18 頁

23 前掲書 22，邦訳 16 頁

24 前掲書 10，邦訳 140-164 頁

25 Gabbard, G. 2010. *Long-term Psychodynamic Psychotherapy: A Basic Text*. Second Edition. American Psychiatric Publishing, Washington D.C. and London.（狩野力八郎監訳『精神力動的精神療法――基本テキスト』岩崎学術出版社，東京，2012 年）邦訳 23 頁

26 Legerstee, M. 2005. *Infants' Sense of People. Precursors to a Theory of Mind*. Cambridge University Press, Cambridge.（大藪泰訳『乳児の対人感覚の発達――心の理論を導くもの』新曜社，東京，2014 年）

27 遠藤利彦『「情の理」論』東京大学出版会，東京，2013 年

28 Stern, D. 1985. *The Interpersonal World of the Infant: A View from Psychoanalysis and Development Psychology*. Basic Books, New York.（小此木啓吾・丸田俊彦監訳『乳児の対人世界 理論編』岩崎学術出版社，東京，1992 年）

邦訳 16 頁
29　前掲書 26
30　中康「一方的な感情爆発から here and now の交流へ，そしてエディプスへ」精神分析研究，52；55-64, 2008.
31　穴井己理子「喪の仕事とエディプス・コンプレックス——対象の内在化を通して」精神分析研究，57；359-368, 2013.
32　鈴木慶子「女性患者・女性治療者の組み合わせと転移——エディプス・コンプレックスと女性性の発達」精神分析研究，57；369-377, 2013.
33　Freud, S. 1972. *Gesammelte Werke*. Vol. 1-17. Nachtragsband Zur Auffassung Der Aphasien. The Institute of Psycho-Analysis, London and the Estate of Angela Richards, Eynsham.（渡邉俊之・越智和弘・草野シュワルツ美穂子・道籏泰三訳『フロイト全集 6 1901-06 年 症例「ドーラ」，性理論三篇』岩波書店，東京，2009 年）
34　Chethik, M. 1989. *Techniques of Child Therapy. Psychodynamic Strategies*. The Guilford Press, New York.（齋藤久美子監訳『子どもの心理療法——サイコダイナミクスを学ぶ』創元社，大阪，2001 年）
35　Dylan Evans 'From Lacan to Darwin' in *The Literary Animal; Evolution and the Nature of Narrative,* eds. Jonathan Gottschall and David Sloan Wilson, Evanston: Northwestern University Press, 2005, pp. 38-55.（桜井直文監訳『ラカンは間違っている——精神分析から進化論へ』学樹書院，東京，2010 年）
36　Bion, W. 1961. *Experiences in Groups*. Tavistock Publications, London.（対馬忠訳『グループ・アプローチ』サイマル出版会，東京，1973 年）
37　近藤喬一・鈴木純一編『集団精神療法ハンドブック』金剛出版，東京，1999 年
38　高橋哲郎・野島一彦・権成鉉・太田裕一編『力動的集団精神療法——精神科慢性疾患へのアプローチ』金剛出版，東京，2010 年
39　Bowlby, J. 1969, 1982. *Attachment and Loss:* vol.1: Attachment. Hogan, London.（黒田実郎・大羽蓁・岡田洋子・黒田聖一訳『母子関係の理論 I 愛着行動』岩崎学術出版社，東京，1991 年）
40　Freud, A. 1958. *The Writings of Anna Freud Volume 5, Research at the Hamstead Child-Therapy Clinic and Other Papers*. International University Press, Madison.（牧田清志・黒丸正四郎監修「分離，悲嘆，悲哀に関する John Bowlby の研究についての検討」『アンナ・フロイト著作集 7 ハムステッドにおける研究（上）』岩崎学術出版社，東京，1969 年，139-157 頁
41　小林隆児『「関係」からみる乳幼児期の自閉症スペクトラム』ミネルヴァ書房，京都，2014 年
42　Orange, D.M., Atwood, G.E., Stolorow, R.D. 1997. *Working Intersubjectively: Contextualism in Psychoanalytic Practice*. The Analytic Press, New Jersey.（丸田俊彦・丸田郁子訳『間主観的な治療の進め方』岩崎学術出版社，東京，1999 年）

43 Buber, M. 1923. *Ich und Du*, Insel Verlag Lipzig/1932. *Zwiesprache*, Schocken Verlag, Berlin.（植田重雄訳『我と汝・対話』岩波書店，東京，1979年）

44 ビデオ「グロリアと3人のセラピストⅠ」日本・精神技術研究所，1996年

45 Burry, P. 2008. *Living with the Gloria Films'*. PCCS Books, Monmouth.（青葉里知子訳『「グロリアと三人のセラピスト」とともに生きて Living with 'The Gloria Films'』コスモス・ライブラリー，東京，2013年）

46 林達夫「精神史」『林達夫著作集1 芸術へのチチェローネ』平凡社，東京，1971年，299-300頁

47 Wachtel, P.L. 1997. *Psychoanalysis, Behavior Therapy, and the Relational World*. American Psychological Association. Washington.（杉原保史訳『心理療法の統合を求めて――精神分析・行動療法・家族療法』金剛出版，東京，2002年）

48 Gill, M.M. 1994. *Psychoanalysis in Transition*. The Analytic Press.（成田善弘監訳『精神分析の変遷』金剛出版，東京，2008年）

49 守屋直樹・皆川邦直『精神分析的診断面接のすすめかた』岩崎学術出版社，東京，2007年

50 Kanzer, M., Glenn, J. 1980. *Freud and His Patients*. Jason Aronson, New York.（馬場謙一監訳『「ねずみ男」の解読――フロイト症例を再考する』金剛出版，東京，2015年）

51 北西憲二・皆川邦直・三宅由子・長山恵一・豊原利樹・橋本和幸『森田療法と精神分析的精神療法』誠信書房，東京，2007年，333-352頁

52 前掲書51，333-352頁

53 前掲書51，346頁

第2章 心の構造と機能

1 Solms, M., Turnbull, O. 2002. *The Brain and the Inner World-An introduction to the neuroscience of subjective experience*. Other Press, London.（平尾和之訳『脳と心的世界』星和書店，東京，2008年）144頁

2 Fallon, J. 2013. *The Psychopath Inside*. Current, London.（影山任佐訳『サイコパス・インサイド――ある神経科学者の脳の謎への旅』金剛出版，東京，2015年）135頁

3 前田重治『図説 臨床精神分析学』誠信書房，東京，1985年

4 Freud, S. 1972. *Gesammelte Werke*. Vol. 1-17. Nachtragsband Zur Auffassung Der Aphasien. The Institute of Psycho-Analysis, London and the Estate of Angela Richards, Eynsham.（本間直樹・家高洋・太寿堂真・三谷研爾・道籏泰三・吉田耕太郎訳『フロイト全集18 1922-24年 自我とエス，みずからを語る』岩波書店，東京，2007年）邦訳16頁

5 Jung, C.G., Franz, M.-L., Henderson, J., Jacobi, J., Jaffe, A. 1964. *Man and His Symbols*. Aldus Books, London.（河合隼雄監訳『人間と象徴――無意識の世界（上

巻)』河出書房新社，東京，1988 年）
6　前掲書 5
7　Rousseau, J.-J. 1762. *Émile, ou De l'éducation.*（今野一雄訳『エミール』岩波書店，東京，1962–64 年）
8　仲正昌樹『「不自由」論——「何でも自己決定」の限界』筑摩書房，東京，2007 年
9　Arendt, H. 1958. *The Human Condition.* The University of Chicago Press, Chicago.（志水速雄訳『人間の条件』筑摩書房，東京，2014 年）邦訳 179 頁
10　Freud, S. 1972. *Gesammelte Werke.* Vol. 1–17. Nachtragsband Zur Auffassung Der Aphasien. The Institute of Psycho-Analysis, London and the Estate of Angela Richards, Eynsham.（道籏泰三・福田覚・渡邉俊之訳『フロイト全集 21 1932–37 年 続・精神分析入門講義，終わりのある分析とない分析』岩波書店，東京，2011 年）邦訳 104 頁
11　前掲書 10，邦訳 240 頁
12　Jung, C.G. 1963. *Memories, Dreams, Reflections. "Erinnerungen Traume Gedanken".* Pantheon Books, New York.（河合隼雄・藤縄昭・出井淑子訳『ユング自伝 2』みすず書房，東京，1990 年）邦訳 202 頁
13　Dawkins, R. 2006. *The Selfish Gene.* 30th anniversary edition. Oxford University Press, Oxford.（日高敏隆・岸由二・羽田節子・垂水雄二訳『利己的な遺伝子〈増補新装版〉』紀伊國屋書店，東京，2008 年）邦訳 427 頁
14　Fox, E. 2012. *Rainy Brain, Sunny Brain: The New Science of Optimism and Pessimism.* Basic Books. New York.（森内薫訳『脳科学は人格を変えられるか？』文藝春秋，東京，2015 年）邦訳 190–192 頁
15　Erikson, E. & Erikson, J. 1997. *The Life Cycle Completed A Review.* Expanded Edition. W.W. Norton, New York.（村瀬孝雄・近藤邦夫訳『ライフサイクル，その完結』みすず書房，東京，2001 年）
16　Stern, D. 1985. *The Interpersonal World of the Infant: A View from Psychoanalysis and Development Psychology.* Basic Books, New York.（小此木啓吾・丸田俊彦監訳『乳児の対人世界 理論編』岩崎学術出版社，東京，1992 年）
17　前掲書 16，邦訳 68 頁
18　前掲書 5，邦訳 101–113 頁
19　前掲書 5，邦訳 45–46 頁
20　Freud, S. *Gesammelte Werke,* XVI, Werke aus den Jahren 1932–1939, Imago Publishing, London.（渡辺哲男訳『フロイト全集 22 モーセという男と一神教』岩波書店，2007 年）
21　Carotenuto, A. 1980. *Diario di Una Segreta Simmetria. Sabina Spielrein tra Jung e Freud.* Casa Editrice Astrolabio- Ubaldini Editore, Roma.（入江良平・村本詔司・小川捷之訳『秘密のシンメトリー——ユング，シュピールライン，フロイト』みすず書房，東京，1991 年）邦訳 142 頁

22　前掲書 4，邦訳 19 頁
23　Buzan, T. 1993. *The Mind Map Book*. BBC Worldwide, London.（神田昌典訳『マインド・マップ』ダイヤモンド社，東京，2005 年）
24　Wachtel, P.L. 2011. *Therapeutic Communication, Second Edition: Knowing What to Say When*. The Guilford Press, New York.（杉原保志訳『心理療法家の言葉の技術［第 2 版］――治療的コミュニケーションをひらく』金剛出版，東京，2014 年）
25　Sabbagh, K. 2011. *Remembering Our Childhood: How Memory Betrays Us*. Oxford University Press, Oxford.（越智啓太訳『子どもの頃の思い出は本物か――記憶に裏切られるとき』化学同人，2011 年）
26　西岡常一『木のいのち木のこころ（天）』新潮社，東京，2003 年
27　Kris, E. 1952. *Psychoanalytic Explorations in Art*. International Universities Press, Madison.
28　大藪泰・林もも子・小塩真司・福川康之編著『人間関係の生涯発達心理学』丸善出版，東京，2014 年
29　前掲書 4，邦訳 19 頁
30　遠藤利彦『「情の理」論』東京大学出版会，東京，2013 年
31　Lieberman, M. 2013. *Social: Why Our Brains Are Wired to Connect*. Crown, Danver.（江口泰子訳『21 世紀の脳科学――人生を豊かにする 3 つの「脳力」』講談社，東京，2015 年）邦訳 38 頁
32　前掲書 31，邦訳 78 頁
33　Ross, W.D. 1957. *Aristotelis Politics, recognovit bervique abnotatione critica instruxit*. Oxford Classical Texts, Oxford.（牛田徳子訳『政治学』京都大学学術出版会，京都，2013 年）邦訳 9 頁
34　前掲書 31，邦訳 201-207 頁
35　前掲書 1，邦訳 139 頁
36　前掲書 1，邦訳 140-141 頁
37　前掲書 1，邦訳 140-141 頁
38　前掲書 2，邦訳 135 頁
39　前掲書 31，邦訳 34-35 頁
40　梶谷真司「母乳の自然主義とその歴史的変遷」帝京大学外国語外国文化，2；87-163，2008.
41　Everett, D. 2008. *Don't Sleep, There Are Snakes: Life and Language in the Amazon Jungle*. Pantheon Books, New York.（屋代通子訳『ピダハン――「言語本能」を超える文化と世界観』みすず書房，東京，2012 年）
42　Freud, S. 1972. *Gesammelte Werke*. Vol. 1-17. Nachtragsband Zur Auffassung Der Aphasien. The Institute of Psycho-Analysis, London and the Estate of Angela Richards, Eynsham.（加藤敏・石田雄一・大宮勘一郎訳『フロイト全集 19 1925-28 年 否定，制止，症状，不安，素人分析の問題』岩波書店，東京，2010 年）邦

訳 22 頁
43　Blackmore, S. 2005. *Consiousness: A Very Short Introduction*. Oxford University Press, Oxford.（信原幸弘・筒井晴香・西堤優訳『意識』岩波書店，東京，2010 年）
44　Metzinger, T. 2009. *The Ego Tunnel. The Science of the Mind and the Myth of the Self with "Spirituality and Intellectual Honesty, an Essay"*. Basic Books, New York.（原塑・鹿野祐介訳『エゴ・トンネル——心の科学と「わたし」という謎』岩波書店，東京，2015 年）邦訳 88-92 頁
45　安部公房『第四間氷期』新潮社，東京，1976 年
46　安部公房『R62 号の発明・鉛の卵』新潮社，東京，1974 年
47　前掲書 4，邦訳 11 頁
48　前掲書 31，邦訳 106-132 頁
49　Erikson, E. & Erikson, J. & Kivnick, H. 1986. *Vital Involvement in Old Age*. W.W. Norton, New York.（朝長正徳・朝長梨枝子訳『老年期』みすず書房，東京，1990 年）
50　前掲書 28
51　Klein, M. *Envy and Gratitude and Other Works (1957-1963)*. The Hogarth Press, London.（小此木啓吾・岩崎徹也責任編訳『羨望と感謝 メラニー・クライン著作集 5』誠信書房，東京，2009 年）邦訳 111 頁
52　前掲書 51，邦訳 24-25 頁
53　Bronstein, C. 2001. *Klein Theory: A Contemporary Perspective*. Whurr Publishers, London.（福本修・平井正三監訳『現代クライン派入門』岩崎学術出版社，東京，2005 年）邦訳 40-58 頁
54　松木邦裕『対象関係論を学ぶ——クライン派精神分析入門』岩崎学術出版社，東京，1996 年
55　前掲書 51，邦訳 113 頁
56　前掲書 54，42-43 頁
57　Dutton, K. 2013. *Wisdom of Psychopaths*. Scientific Amer Books.（小林由香利訳『サイコパス——秘められた能力』ＮＨＫ出版，東京，2013 年）
58　前掲書 28
59　Fonagy, P. 2001. *Attachment Theory and Psychoanalysis*. Other Press, New York.（遠藤利彦・北山修監訳『愛着理論と精神分析』誠信書房，東京，2008 年）
60　数井みゆき・遠藤利彦編『アタッチメント——生涯にわたる絆』ミネルヴァ書房，京都，2005 年
61　林もも子『思春期とアタッチメント』みすず書房，東京，2010 年
62　前掲書 42，邦訳 11-99 頁
63　Bond, M., Gardner, S.T., Christian, J., Sigal, J.J. 1983. Empirical Study of Self-rated Defense Styles. *Arch Gen Psychiatry*. 40(3); 333-8
64　Andrews, G., Singh, M., Bond, M. 1993. The defense style questionnaire. *J. Nerv.*

Ment. Dis. 181; 246-256.
65 前掲書 42，邦訳 22 頁
66 Tyson, P. & Tyson, R. 1990. *Psychoanalytic theories of development.* Yale University Press, London.（皆川邦直・山科満監訳『精神分析的発達論の統合②』岩崎学術出版社，東京，2008 年）邦訳 43 頁
67 前掲書 66，邦訳 49 頁
68 前掲書 2，邦訳 136 頁
69 小島義郎他『英語語義語源辞典』三省堂書店，東京，2013 年
70 前掲書 10，邦訳 88 頁
71 丸山真男『日本の思想』岩波新書，1961 年
72 前掲書 66，邦訳 45 頁
73 Ornstein, P. ed. 1978. *The search for the self—Selected writings of Heinz Kohut: 1950-1978.* Volume 1. International Universities Press, Madison.（伊藤洸監訳『コフート入門——自己の探求（現代精神分析双書 第Ⅱ期第 14 巻）』岩崎学術出版社，東京，1987 年）

第３章　精神分析的に見る人間の発達

1 Erikson, E. 1963. *Childhood and Society.* Second Edition. Revised and Enlarged. W.W. Norton, New York.（仁科弥生訳『幼児期と社会 1』みすず書房，東京，1982 年）
2 Erikson, E. 1963. *Childhood and Society.* Second Edition. Revised and Enlarged. W.W. Norton, New York.（仁科弥生訳『幼児期と社会 2』みすず書房，東京，1981 年）
3 Erikson, E. & Erikson, J. 1997. *The Life Cycle Completed: A Review.* Expanded Edition. W. W. Norton, New York.（村瀬孝雄・近藤邦夫訳『ライフサイクル，その完結』みすず書房，東京，2001 年）
4 大藪泰・林もも子・小塩真司・福川康之編著『人間関係の生涯発達心理学』丸善出版，東京，2014 年，2 頁
5 Piaget, J. 1957. *L'épistémologie génétique.* Collection Que Sais-Je? No. 1399. Presses Universitaires de France, Paris.（滝沢武久訳『発生的認識論』白水社，東京，1979 年）
6 前掲書 3，邦訳 29 頁
7 前掲書 3，邦訳 30 頁
8 前掲書 3，邦訳 32 頁
9 前掲書 3，邦訳 27-28 頁
10 前掲書 3
11 前掲書 2，邦訳 165-170，220-223 頁
12 前掲書 1，邦訳 168 頁

13 Waal, F. 2009. *The Age of Empathy. Nature's Lessons for a Kinder Society*. Harmony Books, Danvers.（柴田裕之訳『共感の時代へ――動物行動学が教えてくれること』紀伊國屋書店，東京，2010 年）

14 Metzinger, T. 2009. *The Ego Tunnel. The Science of the Mind and the Myth of the Self with "Spirituality and Intellectual Honesty, an Essay"*. Basic Books, New York.（原塑・鹿野祐介訳『エゴ・トンネル――心の科学と「わたし」という謎』岩波書店，東京，2015 年）邦訳 241 頁

15 前掲書 4，54 頁

16 Laplanche, J., Pontalis, J.-B. 1967. *Vocabulaire de la Psychanalyse*. Presse Universitarires de France, Paris.（村上仁監訳『精神分析用語辞典』みすず書房，2000 年）邦訳 458 頁

17 American Psychiatric Association. 2000. *Diagnostic and Statistical Manual of Mental Disorders*, Fourth Edition, Text Revision; DSM-IV-TR. American Psychiatric Association, Washington D.C. and London.（高橋三郎・大野裕・染矢俊幸訳『DSM-IV-TR 精神疾患の診断・統計マニュアル 新訂版』医学書院，東京，2008 年）本章における引用については 773-779 頁を参照されたい．

18 土居健郎『新訂 方法としての面接』医学書院，東京，1997 年

19 前田重治『図説 臨床精神分析学』誠信書房，東京，1985 年

20 前掲書 16，邦訳 34 頁

21 前掲書 16，邦訳 350 頁

22 村上宣寛『心理テストはウソでした』日経ＢＰ社，東京，2005 年

23 馬場禮子編『改訂 境界例――ロールシャッハ・テストと心理療法』岩崎学術出版社，東京，1997 年

24 前掲書 16，邦訳 384 頁

25 前掲書 16，邦訳 360 頁

26 岡野憲一郎『解離性障害――多重人格の理解と治療』岩崎学術出版社，東京，2012 年，139-157 頁

27 前掲書 1，117-129 頁

28 毎日新聞「境界を生きる」取材班『境界を生きる――性と生のはざまで』毎日新聞社，東京，2013 年

29 橋本秀雄『性分化障害の子どもたち』青弓社，東京，2008 年

30 Harris, J. 1998. *The Nurture Assumption. Why Children Turn Out the Way They Do*. Touchstone, New York.（石田理恵訳『子育ての大誤解――子どもの性格を決定するものは何か』早川書房，東京，2000 年）

31 小島慶子『解縛――しんどい親から自由になる』新曜社，東京，2014 年

32 Britton, R. 1998. *Belief and Imagination. Explorations in psychoanalysis*. The Institute of Psycho-Analysis, London.（松木邦裕監訳『信念と想像――精神分析のこころの探求』金剛出版，東京，2002 年）邦訳 66 頁

33 前掲書 16，邦訳 142 頁

34 安冨歩『原発危機と「東大話法」』明石書店，2012 年
35 Lieberman, M. 2013. *Social: Why Our Brains Are Wired to Connect*. Crown. Danver.（江口泰子訳『21 世紀の脳科学――人生を豊かにする 3 つの「脳力」』講談社，東京，2015 年）邦訳 96 頁
36 前掲書 16，邦訳 142 頁
37 永山則夫『無知の涙』河出文庫，1990 年
38 加藤智大『解』批評社，東京，2012 年
39 加藤智大『殺人予防』批評社，東京，2012 年
40 加藤智大『東拘永夜抄』批評社，東京，2012 年
41 渡辺博史 http://bylines.news.yahoo.co.jp/shinodahiroyuki/　2014 年 7 月
42 林もも子『思春期とアタッチメント』みすず書房，東京，2010 年
43 Fallon, J. 2013. *The Psychopath Inside*. Current, London.（影山任佐訳『サイコパス・インサイド――ある神経科学者の脳の謎への旅』金剛出版，東京，2015 年）
44 前掲書 16，邦訳 63 頁
45 Bergson, H. 1990. *Le Rire*.（林達夫訳『笑い』岩波書店，東京，2015 年）
46 太宰治『人間失格』新潮文庫，1948 年
47 Freud, S. 1972. *Gesammelte Werke*. Vol. 1–17. Nachtragsband Zur Auffassung Der Aphasien. The Institute of Psycho-Analysis, London and the Estate of Angela Richards, Eynsham.（道籏泰三・福田覚・渡邉俊之訳『フロイト全集 21 1932–37 年 続・精神分析入門講義，終わりのある分析とない分析』岩波書店，東京，2011 年）
48 中久喜雅文『力動的精神療法――理論と技法』岩崎学術出版社，東京，2014 年
49 前掲書 3
50 前掲書 3
51 映画『野いちご』（イングマール・ベルイマン監督，1957 年）
52 Walsh, B., Rosen, P. 1988. *Self-Mutilation: Theory, Research, and Treatment*. The Guilford Press, New York.（松本俊彦・山口亜希子訳『自傷行為』金剛出版，東京，2005 年）
53 有賀道生「思春期における自傷の臨床類型――トラウマ・解離に関連する自傷と発達障害に関する自傷の異同」精神療法，38(3)；315–319.
54 土井隆義『つながりを煽られる子どもたち』岩波ブックレット，2014 年
55 小此木啓吾『モラトリアム人間の時代』中央公論社，東京，1978 年
56 笠原嘉『再び「青年期」について』みすず書房，東京，2011 年
57 諏訪哲二『オレ様化する子どもたち』中央公論新社，東京，2008 年
58 内閣府子ども・若者白書 http://www8.cao.go.jp/youth/whitepaper/h27honpen/pdf/b1_04_02.pdf
59 鍋田恭孝『子どものまま中年化する若者たち――根拠なき万能感とあきらめの心理』幻冬舎，東京，2015 年

60　青木省三『思春期の心の臨床――面接の基本とすすめ方』金剛出版，東京，2014 年
61　Gilligan, C. 1982. *In a Different Voice*. Harvard University Press, Cambridge.（岩男寿美子訳『もうひとつの声――男女の道徳観のちがいと女性のアイデンティティ』川島書店，東京，1986 年）
62　上野千鶴子「差異の政治学」井上俊他編『岩波講座 現代社会学 11 ジェンダーの社会学』岩波書店，東京，1995 年，1-26 頁
63　山根純佳「「ケアの倫理」と「ケア労働」――ギリガン『もうひとつの声』が語らなかったこと」ソシオロゴス，29；1-18.
64　前掲書 3，邦訳 74 頁
65　林もも子『思春期とアタッチメント』みすず書房，東京，2010 年
66　「政府には貧しい人の面倒を見る責任があるか」http://d.hatena.ne.jp/interferobserver/20130812/1376306719
67　前掲書 3，邦訳 88 頁
68　Tyson, P. & Tyson, R. 1990. *Psychoanalytic theories of development*. Yale University Press, London.（馬場禮子監訳『精神分析的発達論の統合①』岩崎学術出版社，東京，2005 年）
69　Tyson, P. & Tyson, R. 1990. *Psychoanalytic theories of development*. Yale University Press, London.（皆川邦直・山科満監訳『精神分析的発達論の統合②』岩崎学術出版社，東京，2008 年）
70　Freud, S. 1972. *Gesammelte Werke*. Vol. 1-17. Nachtragsband Zur Auffassung Der Aphasien. The Institute of Psycho-Analysis, London and the Estate of Angela Richards, Eynsham.（渡邊俊之訳『フロイト全集 6 性理論のための三篇』岩波書店，東京，2009 年，165-310 頁）
71　前掲書 48，44-45 頁
72　Tyson, P. 1994. Bedrock and beyond. *J. Amer. Psychoanal. Assn.*, 42; 447-467.
73　Stoller, R.J. 1985. *Presentations of gender*. Yale University Press, pp.11-14.
74　Chethik, M. 1989. *Techniques of Child Therapy*. Psychodynamic Strategies. The Guilford Press, New York.（齋藤久美子監訳『子どもの心理療法――サイコダイナミクスを学ぶ』創元社，大阪，2001 年）邦訳 259-264，295-299 頁
75　前掲書 28

第 4 章　心理療法における見立てと精神分析

1　鍋田恭孝・福島哲夫編著『心理療法のできることできないこと』日本評論社，東京，1999 年
2　Bifulco, A. & Thomas, G. *Understanding Adult Attachment in Family Relationships*. 2013, Routledge, London, pp.53-54.（吉田敬子・林もも子・池田真理監訳『アタッチメント・スタイル面接の理論と実践――家族の見立て，ケア，介

入』金剛出版，東京，印刷中）
3　McWilliams, N. 1994. *Psychoanalytic Diagnosis: Understanding Personality Structure in the Clinical Process*. The Guilford Press, New York.（成田善弘監訳『パーソナリティ障害の診断と治療』創元社，大阪，2005 年）
4　Chethik, M. 1989. *Techniques of Child Therapy. Psychodynamic Strategies*. The Guilford Press, New York.（齋藤久美子監訳『子どもの心理療法——サイコダイナミクスを学ぶ』創元社，大阪，2001 年）邦訳 221-243 頁
5　松尾豊『人工知能は人間を超えるか』KADOKAWA/ 中経出版，東京，2015 年
6　小林雅一『AI の衝撃——人工知能は人類の敵か』講談社現代新書，2015 年
7　日経コンピュータ編『The Next Technology ——脳に迫る人工知能 最前線』日経ＢＰムック，2015 年
8　前掲書 5，196，204，207 頁
9　前掲書 5，196，207 頁
10　（ビデオ）「グロリアと３人のセラピストⅠ」日本・精神技術研究所，1996 年
11　Burry, P. 2008. *Living with the Gloria Films'*. PCCS Books, Monmouth.（青葉里知子訳『「グロリアと三人のセラピスト」とともに生きて Living with 'The Gloria Films'』コスモス・ライブラリー，東京，2013 年）
12　本多秀夫「認知行動療法が効いたのか？　それとも，その治療者だから良かったのか？」精神療法，41(2)；216-217, 2015.
13　Prasko, J., Diveky, T., Grambal, A., Kamaradova, D., Mozny, P., Sigmundova, Z., Slepecky, M., Vyskocilova, J. 2010. Transference and countertransference in cognitive behavioral therapy. *Biomed Pap Med Fac Univ Palacky Olomouc Czech Repub*. 154(3); 189-198.
14　高田治「施設で暮らす子どもの人間関係」大藪泰・林もも子・小塩真司・福川康之編著『人間関係の生涯発達心理学』丸善出版，東京，2014 年，71 頁
15　藤山直樹・中村留貴子監修『事例で学ぶアセスメントとマネジメント——こころを考える臨床実践』岩崎学術出版社，東京，2014 年，25-44 頁，47-65 頁
16　McWilliams, N. 1999. *Psychoanalytic Case Formulation*. The Guilford Press, New York.（成田善弘監訳『ケースの見方・考え方——精神分析的ケースフォーミュレーション』創元社，大阪，2008 年）邦訳 150-169 頁
17　土居健郎『新訂 方法としての面接』医学書院，東京，1997 年
18　林もも子『思春期とアタッチメント』みすず書房，東京，2010 年
19　Slavson, S.R. 1943. *An Introduction to Group Psychotherapy*. International University Press. New York.（小川太郎・山根清道訳『集団心理療法入門』誠信書房，1956 年）
20　Freud, A. 1973. *The Writings of Anna Freud*. Volume III, Infants Without Families: Reports on the Hampstead Nurseries 1939-1945. International Universities Press, Madison.（牧田清志・黒丸正四郎監修『アンナ・フロイト著作集 3 家庭なき幼児たち（上）』岩崎学術出版社，東京，1982 年）

21　Freud, A. 1973. *The Writings of Anna Freud*. Volume IV, Infants Without Families: Reports on the Hampstead Nurseries 1939-1945. International Universities Press, Madison.（牧田清志・黒丸正四郎監修『アンナ・フロイト著作集 4 家庭なき幼児たち（下）』岩崎学術出版社，東京，1982 年）
22　Richebacher, S. 2005. *Sabina Spielrein Ein fast grausame Liebe zur Wissenschaft*. Dorlemann Verlag AG, Zurich.（田中ひかる訳『ザビーナ・シュピールラインの悲劇——フロイトとユング，スターリンとヒトラーのはざまで』岩波書店，東京，2009 年）
23　Bion, W. 1961. *Experiences in Groups*. Tavistock Publications, London.（対馬忠訳『グループ・アプローチ』サイマル出版会，東京，1973 年）
24　藤山直樹『集中講義・精神分析（上）——精神分析とは何か／フロイトの仕事』岩崎学術出版社，東京，2010 年，101 頁
25　Benslama, F. 2009. *Psychoanalysis and the challenge of Islam*. trans. Bononno, R. University of Minnesota Press, Minneapolis.
26　Dwairy, M. 2015. *From Psycho-Analysis to Culture-Analysis: A Within-Culture Psychotherapy*. Palgrave Macmillan.

第５章　心理療法の営みと精神分析

1　土居健郎『精神療法と精神分析』金子書房，東京，2004 年，14-17 頁
2　南清貴『じつは危ない食べ物——健康志向・安全志向の落とし穴』ワニブックス，東京，2011 年
3　前掲書 1
4　Freud, S. 1972. *Gesammelte Werke*. Vol. 1-17. Nachtragsband Zur Auffassung Der Aphasien. The Institute of Psycho-Analysis, London and the Estate of Angela Richards, Eynsham.（道籏泰三・福田覚・渡邉俊之訳『フロイト全集 21 1932-37 年 続・精神分析入門講義，終わりのある分析とない分析』岩波書店，東京，2011 年）邦訳 104 頁
5　Jung, C.G. 1968. *Analytic Psychology: 1st Theory and Practice*. Routledge and Kegan Paul, London.（小川捷之訳『分析心理学』みすず書房，東京，1976 年）邦訳 129 頁
6　仲正昌樹『「不自由」論——「何でも自己決定」の限界』筑摩書房，東京，2007 年
7　Freud, S. 1972. *Gesammelte Werke*. Vol. 1-17. Nachtragsband Zur Auffassung Der Aphasien. The Institute of Psycho-Analysis, London and the Estate of Angela Richards, Eynsham.（道籏泰三・福田覚・渡邉俊之訳『フロイト全集 21 1932-37 年 続・精神分析入門講義，終わりのある分析とない分析』岩波書店，東京，2011 年）邦訳 181 頁
8　Loftus, E., Ketcham, K. 1994. *The Myth of Repressed Memory*. St.Martin's Press,

New York.（仲真紀子訳『抑圧された記憶の神話——偽りの性的虐待の記憶をめぐって』誠信書房，東京，2005年）

9 Sabbagh, K. 2011. *Remembering Our Childhood: How Memory Betrays Us*. Oxford University Press.Oxford.（越智啓太訳『子どもの頃の思い出は本物か——記憶に裏切られるとき』化学同人，京都，2011年）

10 安冨歩『原発危機と「東大話法」』明石書店，東京，2012年

11 Hobson, J.A. 1999. *Dreaming as Delirum: How the Brain Goes Out of Mind*, A Bradford Book, Cambridge.（池谷祐二訳『夢に迷う脳』朝日出版社，東京，2007年）邦訳314頁

12 岡田敦「夢心像における“故郷”への回帰」日本心理臨床学会編集委員会編『心理臨床ケース研究1』誠信書房，東京，1983年，55-70頁

13 渡辺雄三『夢分析による心理療法——ユング心理学の臨床』金剛出版，東京，1995年

14 MacGregor, J.M. 1996. *Henry J. Darger: Dans les Royames de l'Irreel*. Fontazione Galleria Gottardo. Lausanne, Switzerland.（小出由紀子訳『ヘンリー・ダーガー 非現実の王国で』作品社，東京，2000年）

15 Gendlin, E.T. 1986. *Let Your Body Interpret Your Dreams*. Chiron Publications, Ashville.（村山正治訳『夢とフォーカシング』福村出版，東京，1988年）

16 河合隼雄『心理療法序説』岩波書店，東京，1992年，192頁

17 月尾嘉男『日本が世界地図から消滅しないための戦略』致知出版社，東京，2015年，18頁

18 前掲書16，270頁

19 Cornell, A.W., McGavin, B. 2002. *The Focusing Student's and Companion's Manual (Part 1 & 2)*. Ann Weiser Cornell and Barbara McGavin., Berkeley.（大澤美枝子訳『フォーカシング・ニューマニュアル——フォーカシングを学ぶ人とコンパニオンのために』コスモス・ライブラリー，東京，2005年）

著者略歴

（はやし・ももこ）

1960年生まれ．1983年東京大学文学部心理学科卒．1991年東京大学教育学研究科博士課程単位取得退学．立教大学現代心理学部教授．臨床心理士．ASIコンサルタント．著書に『思春期とアタッチメント』（みすず書房 2010），共著書に『人間関係の生涯発達心理学』（丸善出版 2014）『甘えとアタッチメント』（遠見書房 2012）『アタッチメントと臨床領域』（ミネルヴァ書房 2007）『思春期臨床の考え方・すすめ方』（金剛出版 2007）『臨床心理学研究の技法』（福村出版 2000）『心理療法のできることできないこと』（日本評論社 1999）などがある．

林 もも子

精神分析再考

アタッチメント理論とクライエント中心療法の経験から

2017 年 5 月 1 日　印刷
2017 年 5 月 10 日　発行

発行所 株式会社 みすず書房
〒113-0033 東京都文京区本郷 5 丁目 32-21
電話 03-3814-0131（営業） 03-3815-9181（編集）
http://www.msz.co.jp

本文組版 キャップス
本文印刷所 萩原印刷
扉・表紙・カバー印刷所 リヒトプランニング
製本所 松岳社
装丁 安藤剛史

Printed in Japan
ISBN 978-4-622-08532-4
［せいしんぶんせきさいこう］
落丁・乱丁本はお取替えいたします